# LE CRÉDIT AGRICOLE

## EN YOUGOSLAVIE

RADIVOYÉ L. VORKAPITCH

*Docteur en Droit de l'Université de Paris*

# LE CRÉDIT AGRICOLE
# EN YOUGOSLAVIE



*« Le paysan de demain sera un citoyen libre dans une démocratie où tous ceux qui travaillent sont des égaux. »*

Michel Augé-Laribé.

ÉDITIONS ET PUBLICATIONS
CONTEMPORAINES - PIERRE BOSSUET
47, RUE DE LA GAITÉ — PARIS — 14e

1930

# AVANT-PROPOS

Le problème de l'organisation du crédit agricole est apparu au moment où l'agriculteur s'est présenté sur le marché monétaire pour solliciter des capitaux d'exploitation. C'était à l'époque où le marché monétaire était déjà organisé pour satisfaire les besoins de crédit des commerçants et des industriels. Les débuts du troisième solliciteur s'annonçaient durs et coûteux. Malgré de longues expériences en divers pays, on n'a pas encore pu trouver le type modèle de l'organisation du crédit agricole. Il a été démontré en tous cas que, pour surmonter les difficultés, il faut compter sur la collaboration de deux facteurs : l'initiative privée et celle de l'Etat.

L'initiative privée a trouvé un champ favorable pour son activité dans la diffusion du mouvement coopératif ; celle de l'Etat dans le soutien, par des capitaux et par des privilèges, des institutions chargées de distribuer le crédit aux agriculteurs. C'est donc dans la coopérative que les petits propriétaires ont trouvé une facilité pour acquérir les avantages des grands domaines, c'est-à-dire les avantages de la production et de la vente en série, tout en conservant les multiples avantages économiques et sociaux de la propriété morcelée.

D'autre part, l'Etat n'a pas agi dans un but de bienfaisance ou de pitié, mais dans l'intention de concilier l'intérêt général avec les intérêts particuliers. Il avait tout intérêt à renforcer l'existence de la petite propriété rurale et à faciliter l'accession des agriculteurs à celle-ci comme l'unique moyen d'arriver, au moins dans une certaine mesure, à la paix sociale et à la stabilité de l'économie nationale. Les résultats obtenus en France, en Allemagne, et surtout au Danemark, nous montrent que, malgré la prophétie de Karl Marx et des socialistes, la concentration en matière agricole, qui devait se produire scientifiquement, ne s'est pas réalisée. L'évolution de différents types d'exploitation rurale continue à s'accomplir au profit de la propriété morcelée et, « de quelque côté que nous tournons les yeux, nous la trouvons, au contraire, pleine de vie et ne paraissant nullement prête à disparaître devant la concurrence de la grande propriété » (1). Après les bouleversements de la grande guerre, nous nous trouvons, plus que jamais, en présence de nombreuses lois ayant pour objet de créer le plus grand nombre possible de petits propriétaires fonciers. La législation de tous les pays modernes est favorable à la petite propriété rurale ; c'est d'ailleurs sous cet aspect qu'elle s'est présentée ces derniers temps dans le domaine international lui-même. La conférence économique, tenue à Genève, en 1927, s'est exprimée à ce propos, en ces termes : « En raison du nombre considérable des exploitations petites et moyennes dans l'agriculture, — où l'on ne constate pas les tendances à la concentration des entreprises, qui se sont manifestées dans l'industrie, — l'organisation des agriculteurs devra être poursuivie selon les méthodes d'association et de coopération qui ont déjà fait leurs preuves dans de nombreux pays ». Et un peu plus loin, la résolution se précise dans l'affirmation que « les gouvernements ont intérêt à encourager l'agriculture et les associations professionnelles, qui visent à améliorer la situation de la population. En particulier, la création et le développement du crédit mutuel seraient grandement facilités par l'aide des Etats ».

On a même envisagé la possibilité d'une collaboration internationale en matière de crédit agricole, et plusieurs projets

(1) Oualid (W.) : *La petite propriété rurale chez les peuples modernes*, p. 19.

ont été déposés en vue d'organiser une banque centrale de compensation, qui aurait pour but d'augmenter les ressources du crédit agricole, afin de permettre le relèvement de l'agriculture dans le monde.

Cet aperçu historique, bien qu'incomplet, nous permettra, du moins nous l'espérons, de tenir compte du chemin parcouru et des tendances actuelles en matière de crédit agricole. Dans le même but et avant d'aborder le crédit agricole en Yougoslavie, nous allons exposer, très brièvement, l'organisation du crédit agricole en Allemagne, puis en France. Une double raison nous incite à parler de ces deux pays. Tout d'abord, le système coopératif, — qui nous vient de l'Allemagne et où il est appliqué le plus rigoureusement, — a trouvé un terrain propice dans les régions yougoslaves, et s'y est développé, malgré les conditions défavorables et, parfois aussi, malgré l'insouciance des pouvoirs publics. D'autre part, nous exposerons le système français, qui est imprégné d'une forte intervention législative, système dont le législateur yougoslave avait cru devoir s'inspirer dans la loi du 12 juin 1925. Cette comparaison nous est nécessaire pour analyser la grosse erreur que le législateur yougoslave avait commise en essayant, par une seule loi, de transférer, sur le sol yougoslave, l'organisation du crédit agricole, telle qu'elle s'est formée en France depuis 1894 jusqu'à nos jours.

L'organisation du crédit agricole en Yougoslavie est intéressante à un double point de vue. Au point de vue économique, parce que l'agriculture est à la base de l'activité économique du pays : l'industrie naissante et le commerce ne pourront se développer que si l'agriculture parvient à relever le pouvoir d'achat des masses populaires. Au point de vue social, parce que plus des trois quarts de la population trouve les ressources de son existence dans l'exploitation de la terre.

En présence de tels faits, nous serons à même de constater que l'initiative privée, dans la mesure où elle a existé dans le jeune Etat yougoslave, n'a pas pu s'affirmer complètement. Dès le début de l'existence du nouvel Etat, la vie économique s'est trouvée dominée par une forte intervention législative. La démocratie politique avait eu pour tendance de s'orienter vers une large démocratie économique sans se soucier des intérêts des grands propriétaires. C'est ainsi que, dans le but de donner la terre à celui qui la cultive, on a procédé à la réforme agraire. Par cette mesure, la politique agricole s'est engagée dans la voie de la création des petits propriétaires indépendants. A notre avis, cette politique mérite une pleine approbation. Mais ce que l'on a le droit de réclamer, c'est que d'autres mesures, qui entrent dans le cadre d'une telle politique agricole, soient apportées pour renforcer le principe fondamental de la démocratie économique.

C'est en tenant compte des intérêts vitaux de l'Etat yougoslave et de ce principe fondamental que sera rédigée notre conclusion.

# LE CRÉDIT AGRICOLE

## en Yougoslavie

## PREMIÈRE PARTIE

### CHAPITRE PREMIER

### Le rôle du crédit dans l'agriculture

#### Section I

LES CRISES AGRICOLES

D'après la définition courante, l'agriculture, au sens restreint du mot, est l'art de tirer de la terre la plus grande quantité possible de produits nécessaires à la satisfaction des besoins humains. Cette vieille branche de l'activité économique humaine est encore aujourd'hui la profession de la majorité des travailleurs dans le monde. Au cours de son développement historique, elle a été atteinte par des crises plus ou moins graves. C'est ainsi qu'on a remarqué depuis longtemps des périodes successives de décadence et de prospérité agricoles. Les causes de ces crises n'ont pas été les mêmes à toutes les époques et pour tous les pays, mais il y en a qui peuvent être citées comme principales, et dont le jeu est en rapport constant avec la prospérité de l'économie rurale. Nous allons mentionner, en premier lieu, le changement intervenu dans le mode d'exploitation, c'est-à-dire, le passage du féodalisme à la petite propriété morcelée ; l'introduction des méthodes plus perfectionnées dans l'exploitation à la suite des grandes découvertes techniques ; la concurrence renforcée par la révolution qui s'est accomplie dans le régime des transports ; et enfin, la politique fiscale, qui a entraîné, dans certains pays, le plus souvent en raison des lourdes charges militaires, l'appauvrissement de la culture et le discrédit de la profession agricole.

L'assainissement de ces crises a toujours été en liaison étroite avec la faculté des diverses nations de s'adapter aux conditions nouvelles, et avec les conceptions économiques qui n'attribuaient pas, suivant les époques, la même importance à la production agricole.

Ainsi, le système mercantiliste avait pour but de ménager au pays une balance commerciale favorable. L'Etat devait employer toute sa puissance à développer le plus possible l'industrie et le commerce et de cette façon augmenter les exportations. Il est de toute évidence que, sous un régime pareil, l'agriculture a été sacrifiée. En France particulièrement, où le système industriel ou colbertisme avait pour but l'abaissement des prix des produits agricoles en vue de fournir à l'industrie la main-d'œuvre à bon marché. L'interdiction d'exporter les denrées alimentaires avait pour effet d'empêcher la hausse des prix. La politique du gouvernement tendait à faire baisser le prix des produits alimentaires et à faciliter le développement des grands centres industriels. L'agriculture devenait, dans ces conditions, une profession moins rémunératrice.

Comme réaction à cet état de choses, la doctrine des physiocrates se fait jour. L'idée essentielle, qui caractérise la doctrine économique des physiocrates, c'est que le travail agricole est seul productif. Lui seul donne un *produit net*, c'est-à-dire une nouvelle richesse matérielle. L'industrie et le commerce ne sont que les feuilles d'un arbre dont l'agriculture est la souche. Par conséquent, la prospérité économique d'un pays dépend de la prospérité de l'agriculture. Grâce aux physiocrates, l'agriculture commence à attirer l'attention de la société et des dirigeants (1). Les principes physiocratiques furent mis en pratique par Turgot, dont la politique était dirigée contre le régime du servage et des corporations. En même temps il a abrogé l'interdiction de l'exportation du blé. Il faut surtout mentionner la lutte menée par les physiocrates contre les privilèges de certaines villes et pour le libre échange des produits agricoles, notamment en ce qui concerne le commerce intérieur.

Il n'est pas sans intérêt de constater, ici, que les physiocrates ont préféré la grande à la petite culture en considérant que les frais de production y sont moins élevés, la quantité des produits plus considérable, et leur qualité meilleure. Seule, la grande culture peut faire prospérer l'Etat et renforcer sa puissance politique. Mais, pour obtenir ce résultat, il faut que « l'homme accorde son intelligence, son travail et ses capitaux en vue de la plus grande production possible de subsistance » (2). Cela ne peut être possible que sous un régime de liberté du travail et c'est sur ce point que les physiocrates apparaissent comme les précurseurs de l'abolition du servage. Cette idée d'un travail libre a eu une influence considérable sur la Révolution, dont la conséquence a été la stabilisation d'une classe nombreuse de petits propriétaires fonciers.

Les plus grandes modifications dans le régime agraire des pays européens ont été effectuées dans la deuxième moitié du XVIIIe siècle et jusqu'au milieu du XIXe siècle. Avec l'abolition

(1) Totomiants : *Histoire des doctrines économiques et sociales*, p. 74.
(2) Dupont : *Abrégé des principes de l'économie politique*, Physiocrates, p. 370.

du servage, le paysan est devenu libre, mais il est resté ignorant et très arriéré au point de vue du progrès technique et de l'économie capitaliste ; il a eu à lutter contre des difficultés énormes. Dans cette lutte pour la propriété l'agriculteur avait contre lui la grande bourgeoisie et la classe des grands propriétaires fonciers. Dans certains pays, il a succombé au cours de cette âpre lutte, et, ayant obtenu la liberté, il est devenu un prolétaire (Angleterre). Dans les pays où l'influence de la petite bourgeoisie (commerçants et artisans) était plus grande, la stabilisation et l'augmentation de la petite propriété foncière ont été plus assurées.

Sous l'influence de la Révolution française, le morcellement des grandes propriétés augmente rapidement, non seulement en France, mais aussi dans d'autres pays européens (Belgique, Hollande, les parties occidentales de l'Allemagne). A la même époque, les progrès de l'industrie tentent la main-d'œuvre agricole, les campagnes se dépeuplent et ainsi les ouvriers agricoles se raréfient. Avec l'évolution politique les masses populaires deviennent un facteur politique important que l'on a dû prendre en considération. L'Etat moderne, avec l'organisation militaire unique et l'appareil étatique coûteux, a trouvé un appui plus solide dans le petit agriculteur indépendant que dans le seigneur. Au début du XIX^e siècle, l'affranchissement de la classe paysanne s'est effectué par des mesures appropriées et par des lois de réforme. Dans les pays des Habsbourg, l'affranchissement n'a été effectué que pendant la Révolution de 1848 quand tout le jeu des privilèges seigneuriaux et des obligations paysannes a été aboli par des patentes bien connues. L'affranchissement du paysan russe a été le plus retardé. Le manifeste de 1861 a proclamé, en effet, la liberté individuelle, mais, par contre, le paysan n'a pas obtenu suffisamment de terre pour lui permettre l'indépendance. Il a donc continué à tester sous la tutelle étroite du noble au profit duquel il devait peiner. L'état économique des paysans russes a été des plus pénibles jusqu'à la Révolution bolcheviste de 1917 qui a modifié de fond en comble l'organisation économique du pays.

La question de l'affranchissement économique dans les Balkans a toujours été liée à la liberté politique. A défaut de classes supérieures, l'agriculteur seul a joué le principal rôle dans les luttes pour la libération du joug turc. C'est pourquoi il est très compréhensible que les Etats balkaniques, d'après leur structure économique, soient des pays de petits propriétaires indépendants (Bulgarie, Serbie, Grèce). Après la grande guerre mondiale, toute une série de réformes agraires en Roumanie, Yougoslavie et Tchécoslovaquie a détruit les derniers vestiges du régime féodal. Les aspirations légitimes des masses paysannes à la terre ont été soutenues dans tous les mouvements sociaux et politiques les plus importants du siècle moderne. Aujourd'hui, les efforts de la plupart des Etats sont dirigés vers la formation et l'expansion des propriétaires paysans. Une telle politique s'appuie, non seulement sur des raisons sociales et économiques, mais aussi sur des raisons politiques, car l'agriculteur libre et plus cultivé est la meilleure garantie de sécurité et d'indépendance d'un pays.

Cependant, à cette époque se fait la transition entre l'économie en nature et l'économie monétaire. L'activité industrielle et l'organisation des villes surpeuplées ont eu de fortes répercussions sur l'agriculture. La consommation des villes, en augmentant, a provoqué la hausse des prix des produits agricoles. Pour satisfaire les besoins nouveaux, il a fallu intensifier la production, c'est-à-dire substituer à la manière primitive de cultiver des méthodes nouvelles. En même temps l'agriculteur libre a eu une double tâche à accomplir ; il a dû poser les bases de la propriété libre et réorganiser son travail suivant les demandes du marché. Par suite du manque de capitaux, ces évolutions s'opéraient assez lentement et au premier abord elles offraient un certain avantage pour les grands propriétaires qui avaient plus de facilité pour obtenir les capitaux nécessaires et ainsi mettre en pratique les inventions scientifiques du ressort de l'agriculture. Ignorant et matériellement faible, l'agriculteur est devenu la proie des usuriers et des nombreux intermédiaires qui ont exploité ingénieusement les prix élevés des grands marchés, inaccessibles aux petits producteurs. Puis la situation de l'agriculteur s'est sensiblement aggravée par suite des besoins nouveaux qui apparaissent comme la conséquence d'une plus grande instruction et d'une nouvelle organisation des pouvoirs communaux et de l'Etat. L'agriculteur a senti augmenter le besoin d'argent, pour pouvoir acquitter les impôts et les taxes communales ou pour acheter en ville les denrées nécessaires à sa subsistance. L'argent ne pouvait s'obtenir que par la vente, et pour vendre avec gain, il a dû augmenter la quantité et la qualité de sa production, et en même temps soutenir la concurrence sur les marchés. Pour une production plus intensive il avait besoin de crédit, parce que « plus l'agriculture est pratiquée d'après les principes que gouverne le maniement de l'argent et plus elle aura besoin d'un crédit courant » (1). Il fallait donc créer des institutions spéciales qui mettraient sans grande difficulté et avec le moins de frais possible le crédit d'exploitation à la disposition des agriculteurs.

Ce besoin de l'organisation du crédit a été surtout ressenti dans la deuxième moitié du XIXe siècle, quand la crise agricole a menacé de supprimer les petits propriétaires, les considérant comme unités économiques, incapables d'une activité indépendante. En même temps, un autre facteur entra en jeu : avec le perfectionnement des moyens de communication et la réduction des prix du tonnage, les producteurs américains eurent la possibilité de provoquer sur les marchés européens la baisse des prix des produits agricoles. Leurs frais de pro-

(1) Philippovich : *La politique agraire*, p. 305.

duction devinrent, à la suite de l'application des méthodes techniques modernes et de l'inépuisabilité de la terre, bien moindres que ceux des producteurs européens.

« En face des pays de vieille civilisation qui se cantonnaient dans la production industrielle, les pays neufs avec leurs réserves de terres à mettre en valeur, leurs grands espaces favorables à la production agricole, grâce à un large emploi du machinisme étaient appelés à devenir les pourvoyeurs du monde en produits d'alimentation » (1). A cette concurrence de la part de l'Amérique vint se joindre aussi la Russie qui disposait : d'une part, de la fertilité de son sol, et d'autre part, de la main-d'œuvre à peine rétribuée des moujiks russes qui cultivaient les propriétés des nobles. Cet accroissement de la production mondiale modifiait tout à coup le jeu habituel de l'offre et de la demande, et déconcertait ainsi la plupart des producteurs européens. Mais ce n'est pas seulement la production excessive qui a fait baisser les prix des produits agricoles ; à côté d'elle il y a des causes plus générales comme la réduction des frais de transport, la dépréciation de la monnaie, l'accroissement des impôts directs et aussi l'élévation des taxes indirectes.

Dans ces conditions il fallait réorganiser la production agricole dans les pays européens. La nouvelle situation demandait de nouvelles adaptations.

On ne pouvait point songer à la diminution directe des frais de la production, car, par suite d'une industrialisation accentuée, la main-d'œuvre avait notablement renchéri. Il fallut donc prendre d'autres moyens, et la plupart des Etats européens eurent recours à des barrières douanières, comme unique mesure, dont l'effet se fit immédiatement sentir. Cependant cela n'était qu'un palliatif et l'assainissement de la crise nécessitait des réformes radicales. De ces réformes

(1) Hitier : *Les problèmes actuels de l'agriculture*, p. 8.

résultaient en somme une exploitation plus intensive et une nouvelle orientation de la production agricole. La production des céréales commence à être négligée, tandis que se développent d'autres cultures (viticulture, arboriculture, culture maraîchère), dont les produits ont été moins exposés à la concurrence d'outre-océan. On porte surtout intérêt à l'élevage du bétail qui se trouve en grand progrès en France, au Danemark et en Belgique.

Cette époque a été marquée par les grands efforts des Etats agricoles dirigés vers le perfectionnement de la production agraire. On ouvre des écoles pour l'enseignement agricole, les sociétés agricoles se forment un peu partout, puis finalement vient à l'ordre du jour le problème qui nous intéresse spécialement ici, le problème de l'organisation du crédit agricole.

## Section II

### LA NÉCESSITÉ D'ORGANISER LE CRÉDIT AGRICOLE

Sous le régime féodal, l'agriculteur ne disposait pas de la terre qu'il cultivait et, pour emprunter, il avait besoin du consentement de son seigneur. Il arrivait le plus souvent que le seigneur était en même temps le prêteur. Le seigneur féodal possédait un certain fonds de roulement en réserve et il obtenait personnellement du crédit bien plus facilement qu'un petit agriculteur dépendant. Cependant, les raisons qui poussèrent l'agriculteur de cette époque à s'endetter n'étaient pas de caractère économique. L'endettement était la conséquence normale des années infertiles, de l'indigence personnelle et des circonstances de famille exceptionnelles. Nous trouvons la même cause d'endettement plus tard chez les agriculteurs indépendants qui n'ont pas encore recouru à la production intensive, ou, comme on dit, qui n'ont pas fait le passage de l'économie naturelle à l'économie de la monnaie et du crédit. Les prêts de cette espèce avaient pour but de répartir le dommage causé à l'agriculteur par une année infertile pour plusieurs années à venir. A cette époque l'agriculteur était tout particulièrement la victime des usuriers qui savaient habilement exploiter l'état matériel pénible et l'expérience insuffisante de leurs clients.

Plus tard, quand l'agriculteur devient propriétaire de la terre et accède à l'économie monétaire, le but de l'endettement change, et le crédit devient l'élément régulier de l'activité économique. Aujourd'hui, la nécessité de capitaux importants, pour intensifier et développer l'exploitation de la terre, n'est contestée par personne, mais on s'est vite aperçu que les conditions sur le marché libre de crédit ne répondent pas aux besoins des agriculteurs. Nous allons nous expliquer sur ce point.

Le crédit, au point de vue de la production, est une opération financière qui a pour effet de faire passer les capitaux des mains de ceux qui les possèdent aux mains de ceux qui ne les possèdent pas, mais qui veulent les engager dans les affaires productives. Son rôle dans la vie économique est énorme, et la prospérité d'une nation dépend en grande partie de son organisation du crédit. Les diverses branches de l'activité économique, le commerce, l'industrie et l'agriculture ont recours successivement au crédit d'après le degré de son développement. A côté du commerçant et de l'industriel apparut, sur le marché du crédit, l'agriculteur comme troisième demandeur de crédit. Rien que ce fait a rendu les positions du créditeur encore plus fortes : il ne prêtera évidemment son argent qu'à celui qui pourra payer l'intérêt le plus élevé.

Le taux d'intérêt dépend de l'offre et de la demande des capitaux et de leur productivité. D'autre part, il faut prendre en considération les éléments circonstanciels, comme le risque, la capacité de surveillance et la nouveauté de l'emploi. En ce qui concerne le prix que le demandeur du capital est disposé à payer, cela dépend, dans tous les cas, de la productivité espérée du capital dans l'entreprise. Cependant le revenu du capital engagé varie non seulement parmi les différentes branches économiques, mais aussi, sous des conditions spéciales, parmi les producteurs d'une même branche économique. Le producteur, qui emprunte, doit bien connaître la rémunération de ses travaux, et par suite décider quel intérêt il pourra payer pour le capital emprunté. Le commerçant et l'industriel ont la possibilité de se faire un calcul très précis, car ils n'ignorent point les éléments de leurs opérations. En outre, ils sont en état de préciser même l'échéance exacte du paiement des prêts. Leur succès est lié à la capacité et à l'habileté personnelles ; à part les opérations boursières hasardeuses, le gain est d'avance calculé.

La position de l'agriculteur est autrement plus défavorable. Non seulement parce que le revenu, que l'économie agricole rapporte sur le capital engagé, est restreint et presque régulièrement moindre que le revenu du commerce et de l'industrie, mais aussi parce qu'on rapporte des difficultés dans la prévision de ces mêmes revenus. Le calcul, par suite de la participation du grand nombre d'éléments incertains, est compliqué, et parfois impossible pour la grosse majorité des agriculteurs ignorants. Puis, il arrive très fréquemment que l'activité des forces naturelles (sécheresse, inondation, grêle), indépendantes de la volonté de l'agriculteur, anéantissent entièrement aussi bien le travail mis que le capital engagé. Le risque est gros et subsiste tant que les derniers travaux exigés par la production ne sont pas terminés. A part cela, l'importante différence entre le crédit industriel et le crédit agricole se trouve dans l'inégale durée du terme. Les prêts industriels sont généralement représentés par des lettres de change à 90 jours, tandis que l'industrie agricole ne donne des revenus qu'au bout d'un an, et ce n'est qu'au temps de la vente des récoltes que les prêts peuvent être remboursés. L'agriculteur a besoin du prêt à long terme pour qu'il puisse attendre patiemment les prix de vente favorable de ses produits. C'est ainsi que l'on voit, tous les ans, les cultivateurs, pressés par les échéances, subir tous les effets désastreux des ventes forcées. Après chaque récolte, la production générale est jetée sur le marché et on assiste à un avilissement des cours qui fait naître dans le monde agricole les inquiétudes les plus légitimes. « Il faut donc que le crédit puisse permettre à l'agriculteur d'attendre l'époque où, par la réalisation des valeurs produites, bétail et récoltes, il sera en mesure de rembourser les avances qu'il a reçues » (1). Ainsi, les engagements souscrits par les agriculteurs ne peuvent être réalisés par le créditeur qu'au bout d'un certain temps. Cependant, les chances de risque croissent en raison directe de la durée du temps, et les prêts consentis aux agriculteurs doivent porter un taux d'intérêt plus élevé que les prêts consentis aux industriels et aux commerçants à une brève échéance.

Par conséquent, si nous résumons les éléments qui influencent le prix des capitaux prêtés à l'agriculture, nous arrivons à la conclusion suivante.

Du point de vue du banquier, le crédit consenti aux agriculteurs doit porter un taux d'intérêt plus élevé pour des raisons d'ordre divers : 1° l'échéance plus longue qui prive le prêteur de la possibilité de placer son capital dans des conditions plus favorables. Il faut noter, également, que les banques de dépôt ne peuvent pas faire des opérations à long terme, étant obligées de posséder un portefeuille à brève échéance essentiellement monnayable ; 2° les agriculteurs sont éloignés du marché du crédit, et les banquiers ne peuvent pas avoir la notion exacte du crédit qu'ils peuvent leur accorder. S'ils prennent des renseignements, le procédé est long et coûteux.

(1) Perreau : *Cours d'Economie politique*, Tome I, p. 415.

Cette ignorance de la situation matérielle de l'emprunteur et l'impossibilité de contrôler l'emploi du capital prêté augmentent le risque et, par suite, rendent le capital plus cher ; 3° le risque qui augmente, en raison de la présence de divers autres facteurs, comme par exemple l'activité des forces naturelles, les mauvaises conditions du monnayage à cause du marché inorganisé et de l'instruction insuffisante de l'agriculteur.

D'autre part, l'agriculteur a besoin du crédit à bon marché : 1° à cause du revenu limité et relativement faible que peut fournir l'exploitation agricole ; 2° à cause du gros risque auquel l'exposent les résultats de son travail. Il n'est pas rare qu'il se trouve dans l'impossibilité objective de rembourser son créancier (mauvaise récolte, baisse des prix, etc.) ; 3° déjà difficile en lui-même, tout calcul sur la rémunération du travail pour lequel on emprunte est souvent objectivement impossible.

Tout cela prouve qu'il est impossible de satisfaire les intérêts du banquier et de l'agriculteur dans les opérations mutuelles de crédit. Aussi, si on laissait la régularisation du crédit agricole au marché monétaire libre, organisé exclusivement selon les besoins du commerce et de l'industrie, il ne resterait pour l'agriculture que les crédits les plus chers et, bien souvent, usuriers seulement. Malgré tout cela, on a discuté longtemps le caractère du crédit agricole et les disciples de l'école classique, qui étaient tentés d'insérer dans les mêmes formules les phénomènes des divers ordres de la production, disaient par la voix autorisée de Léon Say : « Il n'y a pas de crédit agricole ; il n'y a que du crédit ». Même aujourd'hui, il est des économistes, M. Colson par exemple, qui estiment que le crédit agricole est le même que toute autre espèce de crédit et que sa régularisation, dans la mesure où elle ne serait pas satisfaite par le mouvement coopératif, devrait être laissée au marché monétaire libre. « L'emploi des fonds fournis par l'Etat a déjà donné lieu à beaucoup d'abus. L'expérience ne permet guère de douter que, s'il répondait à des besoins sérieux, les cultivateurs, les marins et les petits commerçants solvables trouveraient le crédit nécessaire sans que la puissance publique ait à intervenir ».

Ce raisonnement de M. Colson est tiré de l'affirmation « que les conditions du crédit sont partout les mêmes, et que son développement a pour base essentielle les facilités données aux créanciers pour rentrer dans leurs avances » (1). En théorie, cette opinion peut être exacte, mais si on réfléchit aux moyens d'organiser le crédit agricole, on voit clairement qu'il est une modalité spéciale du crédit en général, destinée à satisfaire les besoins des agriculteurs en matière de crédit. Nous avons démontré qu'il diffère pratiquement du crédit industriel et commercial parce que « ce qui caractérise le crédit agricole, ce n'est pas la base sur laquelle repose la sécurité du créancier, mais l'application de ce crédit à des intérêts agricoles » (2). C'est à ce point de vue qu'il faut se placer pour résoudre le problème en question. Les opinions, comme celle de M. Colson, sont assez rares en théorie, et la politique agraire des pays contemporains a suivi depuis longtemps, dans la matière du crédit agricole, la tendance interventionniste. Il est clairement apparu que, pour la juste solution du crédit agricole, il est indispensable de faciliter la création d'institutions qui auraient pour devoir d'effectuer la réalisation du crédit selon les besoins de l'agriculture. Il s'agirait de trouver une organisation du crédit agricole facilement accessible et peu coûteuse, et, en même temps, les moyens de mettre en valeur les garanties que l'agriculteur peut offrir à ceux qui prêtent.

Ce problème délicat a trouvé sa solution, grâce à l'initiative privée et à des facilités accordées par l'Etat, dans la fondation

(1) Colson : *Cours d'Economie politique*, Tome IV, 1920, 1927.
(2) Philippovich : *O. c.*, p. 272.

des associations à base de solidarité et de mutualité. Dans la coopération, ce sont les agriculteurs eux-mêmes qui s'associent pour se prêter le concours financier dont ils peuvent avoir besoin. Envisagée comme un mode d'entreprise économique, dont le domaine dépasse beaucoup la production, la coopération peut être définie : « Une association qui, par la mise en commun d'efforts et la constitution d'un groupement d'activité, plus ou moins étendu, poursuit l'amélioration ou le développement du bien-être domestique, ou de la capacité productive de ses membres ». A côté des coopératives de production et de consommation, dont les théoriciens furent Robert Owen, en Angleterre ; Saint-Simon, Fournier et, actuellement, M. Charles Gide, en France, nous trouvons les coopératives de crédit, ou les caisses de crédit mutuel, appartenant à la coopération agricole.

La coopération agricole comprend notamment les coopératives de transformation des produits agricoles, les coopératives de vente et d'achat en commun, d'assurance mutuelle et de crédit. « C'est dans cette dernière branche que la coopération agricole a le mieux réussi, surtout en Allemagne, avec les caisses Schulze-Delitzsch, les banques Raiffeisen, et les banques Haas ; en France avec les caisses de crédit agricole encouragées par des subventions de l'Etat » (1).

Les résultats obtenus dans ces deux pays prouvent que les institutions de mutualité et de coopération sont d'excellents moyens de mettre en valeur les garanties que les agriculteurs peuvent offrir aux capitalistes, et, par conséquent, de résoudre le problème du crédit agricole.

***

Nous trouvons nécessaire d'ajouter que l'expression du crédit agricole doit comprendre le crédit à court et à moyen

(1) Oualid (W.) : *Cours d'Economie politique*, professé pendant l'année 1924-1925, p. 383, 395.

terme, consenti en vue de satisfaire les besoins des agriculteurs. M. Oualid, dans son cours d'Economie Politique, estime, comme la plupart des auteurs français, que la distinction entre le crédit agricole et le crédit foncier doit être maintenue « malgré les tendances à les confondre souvent dans la pratique » (p. 692). Le crédit foncier est normalement un crédit à long terme, à la base d'une hypothèque, et il a pour objet, soit l'acquisition, soit l'amélioration de la propriété foncière. Au contraire, le crédit agricole a pour but de fournir des capitaux nécessaires pour les dépenses courantes de l'exploitation. Il peut être le crédit agricole mobilier, lorsqu'il repose sur un gage mobilier représenté par un warrant, ou le crédit agricole personnel, lorsqu'il repose sur la confiance du prêteur dans le débiteur.

---

CHAPITRE II

## Le mouvement coopératif en Allemagne

En Allemagne, la nécessité d'une bonne organisation du crédit agricole a fait naître, vers le milieu du XIX$^{e}$ siècle, le mouvement coopératif qui s'est répandu peu après dans tous les pays européens. Ce mouvement a trouvé sa source dans les idées et l'activité personnelle de deux philanthropes, Raiffeisen et Schulze-Delitzsch, qui ont agi dans un but commun : libérer des usuriers les classes peu aisées de la population en leur procurant le crédit nécessaire dans des conditions favorables.

Il s'agissait surtout de trouver, pour l'agriculture, un procédé capable d'inspirer confiance aux capitaux, en offrant des garanties à la façon du commerce et de l'industrie. Ainsi on est arrivé à la fondation des associations de personnes basées sur le principe de la solidarité illimitée. D'où provinrent ces deux systèmes : le système de Raiffeisen et celui de Schulze-Delitzsch. Le premier satisfait mieux les besoins des agriculteurs, le deuxième convient mieux à la population urbaine. Afin de marquer cette différence, nous allons exposer les principes sur lesquels reposent les institutions établies d'après le système Raiffeisen.

L'origine du système Raiffeisen remonte à la création, en 1851, d'une caisse de crédit, basée sur la responsabilité solidaire illimitée des sociétaires. C'est le résultat de longues recherches, au début infructueuses, pour sauver les couches sociales pauvres, et en premier lieu agricoles, de leur exploitation par les classes les plus fortes par suite de la négligence sociale. Le type de l'organisation coopérative unit les forces individuelles des coopérateurs et les rend capables d'une concurrence plus grande. Le but économique du système Raiffeisen est d'améliorer la situation matérielle de la classe paysanne au moyen de crédits personnels d'exploitation. A la base de ce système se trouve le principe *de la responsabilité solidaire illimitée.* C'est-à-dire que les membres d'une caisse de prêt (Darlehenkassen) sont solidairement responsables sur tous leurs biens, pour les obligations prises en commun. C'est la conséquence logique de l'opinion que le but du crédit agricole doit consister uniquement à permettre aux personnes solvables d'utiliser les garanties qu'elles peuvent offrir et non pas de procurer du crédit aux personnes qui ne pourront pas assurer son remboursement.

Ce principe de la responsabilité solidaire a sa signification économique et morale. Au point de vue économique la coopérative est en état d'offrir aux *capitalistes* des garanties dans des conditions favorables, et de couvrir les besoins de crédit de ses membres. Au point de vue moral le sentiment de la responsabilité solidaire met en rapport les hommes les uns avec les autres, les rapproche et développe entre eux le sens du bien-être général et de l'intérêt commun. Ainsi l'intérêt personnel, qui s'est enraciné dans le commerce et l'industrie en un adversaire quasi intransigeant et redoutable de l'intérêt général, a perdu cette force dans le mouvement coopératif, grâce audit principe de la responsabilité solidaire. Au principe de la responsabilité solidaire est étroitement lié aussi le principe de contrôle sur l'utilisation du capital prêté. Ceci entraîne la nécessité pour les membres de la coopérative de se connaître, donc d'être territorialement groupés pour pouvoir se surveiller réciproquement. Pour ces raisons le nombre des membres d'une coopérative n'est pas grand, et le plus souvent se borne uniquement aux ressortissants d'une commune. Plus le nombre des membres est petit, plus est faible le danger dérivant de la responsabilité solidaire, et, en même temps, le contrôle du prêt utilisé est plus fort.

Au début il a été décidé que les membres ne payeraient aucune part et par conséquent ne toucheraient aucun dividende. Cela provient de la nature même des coopératives qui se différencient des autres institutions financières, et par leur but d'intérêt général, intérêt de la corporation, et par leur manque de bénéfices. Ce n'est que plus tard que la part minima a été prescrite, car la loi allemande de 1889 ne reconnaissait pas l'existence d'une société à but économique qui n'a point de capital. En outre, le règlement décidait qu'il ne pouvait y avoir qu'une part unique — égale pour tous les membres.

Seuls les membres ont droit à l'emprunt, à condition que leurs biens ne soient pas hypothéqués. Le prêt doit être utilisé uniquement pour les besoins de l'agriculture et il est accordé sur la garantie personnelle de deux membres. Le terme du prêt dépend de la nature de l'entreprise à laquelle est destiné le capital (à des améliorations foncières, à des achats d'outillage, de bétail, de semences, etc.). L'échéance n'est jamais inférieure à six mois, et peut être de 5 à 10 ans, et même exceptionnellement de 20 ans. Pour que l'intérêt soit plus favorable pour les emprunteurs, les frais de la société sont réduits au minimum par la gratuité des fonctions d'administrateurs. Dans certains cas le comptable est rémunéré. A côté de l'ouverture de crédit à leurs membres, les coopératives Raiffeisen ont obtenu un grand succès en prévoyant la souscription de petites parts et en développant ainsi l'esprit d'épargne dans les campagnes. L'épargne était particulièrement facilitée par la simplification des formalités usitées et par le fait que les moindres sommes pouvaient être apportées.

Les apports de l'épargne et les emprunts réalisés constituent les moyens d'action des caisses Raiffeisen. Les bénéfices forment le fonds de réserve qui sert à couvrir les dommages dans le cas où les membres ne répondent pas à leurs obligations. Dans aucun cas ce fonds ne pourra être distribué parmi les membres, comme bénéfice social. En cas de dissolution de la coopérative, le fonds de réserve est remis en garde à la Centrale tant que dans le mêmé lieu la coopérative n'est pas rétablie.

La société est dirigée par un comité composé ordinairement de cinq membres élus par l'assemblée générale. Cette gestion est examinée tous les trois mois par un conseil de surveillance. L'assemblée générale qui se réunit deux fois par an pour recevoir les comptes des administrateurs délibère sur les questions importantes.

En résumé, les traits caractéristiques du système Raiffeisen sont les suivants : 1° Une responsabilité solidaire illimitée des sociétaires envers les engagements de la coopérative. — 2° Un nombre de membres limité pour un petit district. — 3° L'absence de parts sociales ou la fixation de ces parts au chiffre le plus minime possible. — 4° La grátuité des fonctions avec de rares exceptions en ce qui concerne le caissier. — 5° L'exclusion de la répartition de bénéfices. — 6° Les prêts consentis aux sociétaires. — 7° Le contrôle exercé sur l'emploi des capitaux prêtés.

Ce bref exposé nous montre que les caisses Raiffeisen représentent le type le mieux adapté aux besoins de la coopérative rurale de crédit. En offrant, par la responsabilité solidaire, une garantie sûre aux capitalistes, elles sont dans la possibilité d'obtenir du crédit relativement favorable. Elles renforcent le goût de l'épargne parmi leurs membres. Par le contrôle des emprunts consentis, elles donnent la garantie la plus sûre pour leur utilisation. Elles sont en état d'accorder des prêts à longs termes sans augmenter l'intérêt, puisqu'elles ne distribuent pas de dividendes et que leurs frais de régie sont petits. Nous avons déjà exposé leur signification éducative ; et les résultats obtenus en Allemagne et dans d'autres pays montrent manifestement que les coopératives Raiffeisen ont réalisé tous les espoirs tant au point de vue social qu'économique, et qu'elles ont élevé considérablement le niveau matériel et moral des masses paysannes.

Cependant, quand on parle du mouvement coopératif en Allemagne, on ne peut pas passer sous silence les sociétés d'avances (Vorschussverein), inspirées des conceptions de Schulze-Delitzsch. Nous avons mentionné que ces sociétés sont fondées sur le principe de la solidarité illimitée ; mais elles se distinguent des caisses Raiffeisen par certaines particularités qui les adaptent surtout aux besoins des populations urbaines. Schulze-Delitzsch attribuait une valeur prépondérante à l'initiative individuelle et condamnait l'introduction dans les sociétés coopératives de l'idée de bienfaisance. Pour développer le goût de l'épargne, il voulait attirer les capitaux par l'attribution de dividendes élevés. Il a fondé des sociétés d'ordre matériel et financier qui peuvent traiter les différentes opérations de crédit, et qui doivent, d'après ses intentions, accomplir une tâche morale en unissant dans la mutualité les populations urbaines et rurales.

Tout en prenant pour base la solidarité illimitée, il prétendait atténuer les dangers qui pèsent sur les sociétaires, du fait d'un grand nombre d'associés. Il est clair qu'un grand nombre de membres n'admet pas le contrôle sur l'utisation du prêt, et c'est déjà un défaut quand il s'agit du crédit agricole.

Le capital social des coopératives Schulze-Delitzsch joue un rôle important dans les opérations financières et pour cela il est divisé en actions. Chaque membre peut inscrire une ou plusieurs actions et l'intérêt élevé sur les parts et les dividendes, attribué à la fin de l'exercice, a pour objet d'attirer le plus de capitaux possibles. Le cercle des sociétés d'avances était très large : « elles maniaient leurs fonds en vue de la mise en valeur la plus lucrative et elles distribuaient les bénéfices sous forme de dividendes proportionnellement au nombre d'actions de chacun » (1). Le bénéfice de la coopérative est égal à la différence de l'intérêt entre le capital emprunté et le capital prêté (2). Le bénéfice total se partage en deux lots ; l'un est distribué aux actionnaires en guise de dividende, et l'autre est incorporé dans le fonds de réserve et augmente de cette sorte le capital social. En cas de cessation de la coopérative, le fonds de réserve est réparti entre les membres. Ceux d'entre eux qui entrent dans la coopérative précédemment constituée versent comme droit d'entrée une somme proportionnelle au fonds de réserve existant. Le taux élevé du crédit dans les sociétés Schulze-Delitzsch devrait être compensé par de gros dividendes et par un intérêt élevé, consenti pour les dépôts de l'épargne. Ce système de l'aide indirecte des membres de la coopérative suppose un milieu matériellement mieux situé, qui peut épargner et bénéficier du bon placement de ses économies. Il est certain que le système Raiffeisen est mieux adapté au but cherché, et le crédit à prix modique plus accessible aux agriculteurs qui s'intéressent peu aux opérations bancaires de spéculations, parce que le but des sociétés n'est pas d'assurer des bénéfices aux agriculteurs qui les forment, mais de leur procurer du crédit à prix modique.

Ces deux types de coopératives apparurent en Allemagne au milieu du XIX^e siècle et obtinrent un grand succès. Le grand nombre de coopératives locales a nécessité la création d'unions régionales et centrales. Le rôle de ces unions a été de centra-

(1) PHILIPPOVICH : *O. c.*, p. 307.

(2) En basant leurs opérations sur les principes commerciaux, les coopératives Schulze-Delitzsch n'accordent les prêts que pour trois mois. Ce terme si court ne convient pas plus aux agriculteurs qu'à la population urbaine.

liser les associations de crédit pour faire profiter de l'excédent qui existe en un lieu donné les caisses qui manquent de fonds disponibles, et aussi de tendre à la diffusion du mouvement coopératif.

Pour compléter notre exposé, il faut dire que la coopération en Allemagne a reçu au début une forte structure juridique qui lui a offert une base sûre et la possibilité d'un développement ultérieur. La première organisation légale des coopératives a eu lieu en Prusse en 1867 sur l'initiative de Schulze-Delitzsch. La loi du 1er mai 1889 a réformé la base juridique des coopératives. Cette réforme consistait dans les dispositions suivantes : 1° L'admission des coopératives à responsabilité limitée. — 2° La réglementation de l'observation de la garantie par les sociétaires. — 3° Les précisions sur l'acquisition et sur la perte de la qualité de sociétaires. On exige pour l'avenir que chaque associé soit possesseur d'une part de capital. — 4° La faculté de constitution des coopératives composées de coopératives. Pour cette prescription on a ouvert la création d'institutions d'un ordre supérieur.

La réforme en question a notablement adouci les différences existant entre le système Raiffeisen et celui de Schulze-Delitzsch. Les caisses Raiffeisen furent obligées de créer des actions et de prendre certaines dispositions relatives à la répartition des bénéfices. D'autre part, les sociétés ont dû limiter d'avance leurs opérations à leurs membres, et, à la suite de la concurrence des caisses Raiffeisen, modérer leurs prétentions de profit dans les concessions de crédit. La disposition de la responsabilité limitée n'était pas bien accueillie et le petit nombre des caisses rurales, qui s'étaient constituées suivant le nouveau principe, ont en somme de la peine à trouver du crédit. La fédération Raiffeisen admet aujourd'hui la responsabilité limitée seulement pour ses coopératives qui ne sont pas des caisses rurales.

Le progrès réalisé en Allemagne dans le développement des

coopératives de crédit a été remarquable. D'après le rapport présenté au Congrès tenu en 1899 à Breslau, le nombre des caisses d'épargne et des caisses de prêts s'élevait déjà à 9.208. Sur ce nombre 3.500 environ se rattachaient au type Raiffeisen. Ces coopératives n'ont pas tardé à se grouper en institutions centrales. Les caisses Raiffeisen se sont affiliées à la *Centralkasse de Neuwied*. Les caisses locales sont actionnaires de la caisse centrale. Celle-ci, constituée comme une société par actions au capital de 5.000.000 de marks, alimente les caisses affiliées manquant de fonds disponibles. Les autres coopératives, créées d'après les principes de Schulze-Delitzsch, se sont groupées dans la Fédération des associations agricoles allemandes, dont le siège est à *Offenbach-sur-le-Mein*. Cette fédération se montra très tolérante à l'égard des statuts des caisses qu'elle groupe, et en 1898 elle comprenait déjà 6.331 sociétés. Il existe encore un certain nombre d'institutions centrales, de même qu'il existe aussi des coopératives indépendantes qui ne se rattachent à aucune organisation centrale.

Aussitôt après le vote de la loi sur le régime juridique des coopératives, en 1889, se dessine un mouvement pour une intervention plus accentuée de l'Etat dans le domaine de l'organisation du crédit agricole, et pour une aide à accorder au mouvement coopératif par des moyens financiers. Le but poursuivi a été de rendre possible pour les coopératives l'obtention de capital dans des conditions plus favorables, parce qu'il arrivait très fréquemment, par suite de la pénurie sur les marchés monétaires, qu'elles devaient payer un très gros intérêt. Ce mouvement, bien qu'entrepris par le parti agrarien, a rencontré une forte résistance, surtout dans les milieux coopératifs. On était porté à croire que cette intervention de l'Etat deviendrait un obstacle à la diffusion du mouvement coopératif ; il était à craindre, en outre, que cette intervention ne suscitât la création de coopératives sans besoins réels, autrement dit d'associations de gens qui désireraient seulement profiter des bénéfices que leur offrait l'Etat.

Cependant, l'influence des milieux qui proposaient l'intervention de l'Etat était plus forte, et la loi du 31 juillet 1895 créa une *Caisse coopérative centrale* (Centralgenossenschaftskasse). Cette caisse, subventionnée par l'Etat et surveillée par le gouvernement, est organisée comme une banque privée. Elle a pour fonction de faire des avances aux unions centrales, en évitant de se mettre directement en rapport avec les sociétés particulières dont elle ne serait pas toujours en état de vérifier la solvabilité. En résumé, elle a pour « but de constituer pour le mouvement de l'argent et du capital des associations rurales et urbaines de la Prusse, y compris les associations de crédit ainsi que les autres associations économiques, et, par conséquent, pour la classe moyenne de l'industrie et de l'agriculture, un centre analogue à celui qui constitue la Banque de l'Empire pour le mouvement financier et pour le crédit du grand commerce et de la grande industrie » (1). Le fonctionnement de la nouvelle banque a contribué au développement des coopératives de crédit, et de toutes autres sortes de coopératives agricoles. Il a été démontré que l'intervention de l'Etat était nécessaire pour la diffusion efficace du mouvement coopératif. mais elle ne se montre efficace que lorsqu'elle vient au moment propice, et quand elle ne porte pas atteinte à l'indépendance intérieure des organisations coopératives.

***

La coopération agricole en Allemagne, comme partout ailleurs, a beaucoup souffert du fait de la guerre. Après l'armistice le mouvement coopératif a repris sa prospérité, ce qui

(1) PHILIPPOVICH : *O. c.*, p. 310.

ressort des renseignements fournis par la *Revue Internationale des Institutions économiques et sociales* (1925, N° 2).

Le tableau suivant représente le développement des coopératives allemandes pendant les années de l'après-guerre.

| | 1921 | 1922 | 1923 | 1924 | 1925 |
|---|---|---|---|---|---|
| | — | — | — | — | — |
| Coopératives ............ | 87 | 94 | 97 | 98 | 102 |
| Caisses rurales............ | 18.576 | 19.030 | 19.418 | 19.529 | 20.152 |
| Coopératives d'achat et de vente .................. | 3.911 | 4.249 | 4.600 | 4.789 | 4.852 |
| Laiteries coopératives..... | 3.313 | 3.367 | 3.410 | 3.491 | 3.590 |
| Autres coopératives....... | 6.651 | 8.271 | 9.692 | 10.121 | 10.573 |
| Totaux..... | 32.538 | 35.011 | 37.217 | 38.028 | 39.269 |

Sur les 39.269 coopératives, 25.533 faisaient partie, au 1er janvier 1925, de la Fédération Nationale (Reichsverband), soit :

87 coopératives centrales ;
12.844 caisses rurales ;
4.141 coopératives d'achat et de vente ;
2.387 laiteries coopératives ;
6.074 autres coopératives.

La Fédération générale des coopératives Raiffeisen allemandes (Generalverband der deutschen Raiffeisengenossenschaften) compait 8.640 coopératives, parmi lesquelles 5.989 caisses rurales et 2.651 coopératives d'exploitation.

La Fédération de révision de l'Union agraire nationale groupait à la même date 1.126 coopératives. Ainsi les trois principales organisations centrales groupaient, en 1925, au total 35.434 coopératives agricoles. Les 3.835 autres coopératives appartenaient à de petites fédérations locales ou provinciales, ou bien n'étaient pas organisées.

La moitié à peu près de toutes les coopératives agricoles est représentée par des caisses de crédit. Ces caisses, relativement à leur condition d'avant guerre, ont perdu l'indépendance financière, basée sur les moyens qu'elles avaient en propre (réserves et crédits), et surtout sur leurs dépôts à l'épargne. Elles avaient recueilli, avant la guerre, plus de trois milliards de marks d'épargne. Après la guerre, la situation a changé, et, dès lors, les caisses rurales peuvent fonctionner grâce à l'aide des ressources appartenant à des tiers et mises à leur disposition par la Caisse prussienne et par la Rentenbank.

La pénurie des fonds de roulement, à la suite de la stabilisation de la devise allemande, avait enlevé à l'organisation du crédit agricole toute base financière. On était contraint d'avoir recours à l'aide de la Reichsbank et de la Rentenbank. La distribution de ces crédits était faite presque exclusivement par la Caisse centrale coopérative de Prusse. Ainsi, l'organisation du crédit agricole à ses trois degrés : la coopérative locale, la fédération provinciale et la caisse centrale, a donné entière satisfaction. C'est seulement grâce à cette organisation complexe qu'il a été possible de remplacer les nombreux petits prêts et crédits des sociétaires par des effets de banque et de commerce, de montant plus élevé, munis des garanties prescrites, et de procurer ainsi à l'agriculture les crédits indispensables (1).

(1) *Revue Internationale des Institutions économiques et sociales*, 1924, n° 3.

CHAPITRE III

# Le Crédit agricole en France

---

En ce qui concerne l'organisation du crédit agricole en France, c'est surtout son état actuel qui nous intéresse et c'est uniquement pour cette raison que nous n'avons pas l'intention d'examiner à fond, ici, les tentatives législatives faites au cours du dernier siècle. Il est évident qu'une étude consacrée spécialement au crédit agricole en France comporterait un rappel historique ; mais nous ne voulons, ici, que faciliter la comparaison entre l'organisation actuelle du crédit en France et celle adoptée par le législateur yougoslave en 1925.

Malgré toutes les discussions théoriques, l'expérience a démontré le caractère particulier du crédit agricole et, vers la fin du XIXe siècle, on voit en France la création d'associations chargées de distribuer le crédit aux agriculteurs. Il est tout à fait intéressant de constater que ces institutions sont basées sur le principe de la mutualité, mais que l'intervention législative et financière joue un rôle important.

Ainsi le mouvement coopératif en France n'est pas créé par l'initiative et par la force unique des agriculteurs ; dès le début, il s'est trouvé sous la protection de l'Etat et a conservé cette protection jusqu'à nos jours. Le mouvement coopératif en Allemagne s'est, au contraire, développé et stabilisé par les propres forces des agriculteurs et l'Etat n'est intervenu que plus tard pour l'encourager et améliorer ses conditions de prospérité.

On doit se demander pourquoi le mouvement coopératif est né si tardivement en France et pour quelles raisons il n'a obtenu que des résultats médiocres. M. Charles Gide nous donne une explication d'ordre psychologique, en disant dans son cours d'Economie Politique : « Les causes de ce médiocre succès de la coopérative de crédit en France ne sont pas faciles à découvrir. C'est surtout sans doute le caractère du paysan français qui, non seulement n'est guère enclin à solidariser ses intérêts avec ses voisins, mais qui n'aime pas à faire connaître ses affaires et, quand il s'agit d'emprunter surtout, préfère recourir au ministère discret du notaire ». C'est-à-dire que le milieu dans lequel ont agi Schulze-Delitzsch et Raiffeisen était beaucoup plus favorable aux œuvres de coopération.

Le paysan français, avec son esprit individualiste, n'a confiance qu'en lui seul, et préfère un progrès tardif, mais qui ne l'expose pas au risque de solidarité avec ses voisins. Au contraire, le paysan allemand est plus discipliné, et pas du tout individualiste, ce qui lui permet de comprendre la force et l'utilité de l'organisation, et c'est pourquoi il accepte plus facilement les charges de l'association en vue des bienfaits de la mutualité.

A côté de ces différences des caractères et des qualités individuelles, nous en trouverons d'autres d'ordre économique et social. C'est surtout A. Souchon qui les a soulignées dans la préface d'une traduction d'un ouvrage allemand. Il a dit : « Nous admirons volontiers le réseau de coopératives de crédit qui couvre l'Allemagne rurale, et à leur succès nous comparons souvent l'échec presque complet de notre loi sur les warrants agricoles et la mise en train si pénible, malgré les millions de banque des sociétés organisées depuis 1894 et 1899.

Mais n'oublions-nous pas que si notre effort est plus faible, c'est parce que notre mal est moindre ? »

En effet, le mouvement coopératif est une conséquence des nouvelles conditions économiques et sociales. Ces conditions ne sont plus les mêmes pour tous les pays et dans toutes les époques. Ce n'est pas difficile à démontrer, surtout quand on prend en considération que l'affranchissement des paysans se produisit plus tard en Allemagne qu'en France. Le paysan allemand a conquis sa liberté par toute une série de réformes législatives qui remontent à la fin du siècle dernier. C'est bien l'époque où l'agriculture a été atteinte par une crise très grave. Alors le paysan, affranchi à un moment si pénible, devait franchir des obstacles dépassant ses forces individuelles. Il devait, non seulement stabiliser son économie, mais encore subir toutes les conséquences néfastes d'une réorganisation générale de l'agriculture. Il n'est pas étonnant qu'il ait été obligé, dans ces conditions, de recourir à la mutualité.

Tout au contraire, l'affranchissement des paysans français a commencé au cours du xviii<sup>e</sup> siècle et au moment de la Révolution française. Cette accession à la propriété paysanne s'est accélérée justement à une époque de prospérité paysanne, marquée par une hausse des prix des produits alimentaires. Les nouvelles exploitations rurales pouvaient alors se stabiliser plus facilement, et la crise agricole, survenue dans la seconde moitié du xix<sup>e</sup> siècle, a trouvé en France une nombreuse classe paysanne plus résistante qu'ailleurs. Ce sont les mêmes raisons qui expliquent pourquoi le phénomène de l'usure a été beaucoup plus répandu en Allemagne qu'en France. C'est pourquoi le législateur allemand a trouvé le remède contre les maux de l'usure dans les sévérités législatives et le paysan dans la mutualité.

Enfin, pour que le système coopératif puisse fonctionner, surtout au début où le crédit agricole n'est pas encore assuré par le fonctionnement des institutions coopératives centrales, il faut que la fonction du crédit soit liée à celle de l'épargne locale. Autrement dit, il faut que la coopérative inspire confiance aux sociétaires pour qu'ils se décident à lui confier la gestion de leurs économies. Cette collaboration d'action entre les coopératives de crédit et les caisses d'épargne ne pouvait pas s'établir en France, en raison de la concentration excessive des économies populaires. Sous l'influence du système de protection étatiste, qui régit les caisses d'épargne, on s'est habitué à ne considérer comme avantageux que les placements d'épargne garantis par les finances publiques. L'adduction totale des épargnes à la caisse des dépôts et consignations a eu pour effet de détourner de la production locale des ressources abondantes qui, normalement, en dehors de toute conception artificielle, devraient être destinées à vivifier sur place les activités qui les ont produites. Ce fait nous explique pourquoi les coopératives de crédit en France étaient contrariées dans leur développement, ou encore mieux pourquoi l'Etat, qui absorbait toutes les économies, a dû se faire le banquier des agriculteurs.

Au point de vue juridique, la coopérative n'a pu commencer à se développer en France qu'après la loi promulguée le 21 mars 1884. Cette loi sanctionnait la conquête du droit syndical et marquait la fin du régime de la liberté illimitée du travail telle que l'avaient établie les principes de 1789. Ainsi commençait la création des syndicats agricoles qui avaient pour objet de protéger les intérêts de l'agriculture et de faciliter simultanément l'obtention du crédit agricole auprès de la Banque de France. Mais cette création n'a pas réussi à apaiser les besoins du crédit agricole ; d'autant plus que le terme des prêts accordés à 90 jours par la Banque de France a dû être prorogé.

La question d'une organisation meilleure est demeurée en suspens jusqu'à la loi du 5 novembre 1894. Cette loi forme la base même de l'organisation actuelle du crédit agricole en France. Nous exposerons donc brièvement ses décisions les plus importantes. En réduisant les formalités législatives, la loi autorise la fondation des sociétés de crédit par les syndicats agricoles eux-mêmes ou par leurs membres. Cette limitation a été faite dans le désir de limiter la fondation des sociétés nouvelles sur la base de la mutualité, puisque les syndicats ont été déjà eux-mêmes organisés sur cette base et ont eu une sorte de personnalité morale. Suivant la loi de 1884, les syndicats n'ont pas le droit de faire des opérations de crédit, car ils n'ont pas le caractère des sociétés commerciales. Cependant une association de crédit, soit qu'elle réunisse tous les membres d'un même syndicat, soit qu'elle groupe des membres de syndicats différents, devient une unité indépendante avec une personnalité juridique indépendante et elle agit comme une société commerciale.

Le capital social n'est pas formé par des actions, mais par les parts des membres. Ces parts peuvent être d'une valeur inégale, elles sont nominatives et ne sont transmissibles qu'entre les membres et avec l'approbation de la société. C'est dans la manière de transmission que se différencient les actions et les parts. La part est considérée comme une créance et pour la transmettre il sera nécessaire de signifier la cession au débiteur cédé. La société est constituée si le quart du capital souscrit est versé. Pour que l'accession soit facilitée aux agriculteurs peu fortunés, la société a la faculté d'admettre que tel associé verse moins que tel autre.

Au point de vue des emprunts, la loi n'autorise la société de crédit à accorder le prêt qu'aux fins d'exploitation. Les statuts de la société déterminent les conditions dans lesquelles les prêts seront accordés ainsi que la durée du terme. De prime abord, le rôle de la société consistait plutôt à cautionner les engagements des agriculteurs, par la signature sociale sur les effets souscrits par des agriculteurs, qu'à accorder des avances. De même, la société est autorisée à contracter des emprunts et à recevoir l'épargne sous forme de dépôt. La loi laisse la liberté entière aux statuts sociaux en ce qui concerne l'organisation administrative. En cas de cessation de la société, le fonds de réserve se partage entre les membres proportionnellement à leur souscription, « à moins que les statuts n'en aient affecté l'emploi à une œuvre d'intérêt agricole » (art. 3).

Les dispositions législatives, relatives à la responsabilité des membres de la société, sont très importantes. Le législateur se trouvait dans une impasse, ne désirant pas prendre parti pour l'un quelconque des systèmes existants, et c'est pour ce motif qu'il laissait la liberté de détermination aux statuts pour préciser la responsabilité des membres. Nous estimons que cette réglementation était d'une grande importance pour la diffusion postérieure du mouvement coopératif. Nous avons constaté que la responsabilité solidaire et illimitée a donné des résultats excellents en Allemagne, surtout à l'époque où le mouvement coopératif n'en était encore qu'à sa naissance. Le législateur français hésitait à inscrire dans la loi, fort de l'appui de l'expérience des coopératives allemandes, le principe de la responsabilité solidaire. Il est évident que les cas ne sont pas identiques si l'on prend en considération la nature et les caractères propres à chaque milieu et si l'on songe qu'il est dangereux de résoudre par une loi la question des rapports matériels dans les coopératives. Malgré cela nous estimons que le législateur aurait dû inclure quelques réserves qui n'auraient nullement porté préjudice à la diffusion du mouvement coopératif. Ainsi, par exemple, on aurait dû fixer un capital minimum social pour les sociétés à responsabilité limitée. Cette pleine liberté en connexion avec les lois postérieures aurait pu avoir de très fâcheuses conséquences pour le mouvement coopératif et pour son développement normal. L'expérience a prouvé que les sociétés fondées, à quelques exceptions près, n'ont jamais accepté le principe de la responsabilité solidaire. Elles n'en ont du reste aucun besoin, d'autant plus que l'Etat met à leur disposition le capital nécessaire, tout en n'exigeant point de garantie solidaire. Nous estimons que les sociétés pratiquant la responsabilité solidaire répondent bien mieux à leurs fins tant économiques qu'éducatives. Elles empruntent plus prudemment, exercent un contrôle consciencieux de l'emploi du crédit, et créent une atmosphère de communauté plus intime entre leurs membres. En outre, elles portent une grande attention au choix des membres et à leur réputation morale. Par la libre détermination de la responsabilité, le législateur n'a pas empêché la fondation des sociétés avec la responsabilité solidaire, mais par contre il a facilité la création d'autres sociétés plus accessibles et moins dangereuses pour la fortune des membres, et bien moins capables d'accomplir le but proposé. Cela s'expliquait pour cette raison que l'on craignait de voir la solidarité éloigner de la société les plus solvables, ceux qui par leur fortune pouvaient fortifier le crédit social.

En considérant que l'unique fonction de ces sociétés est l'ouverture du crédit à prix modique, le législateur a interdit formellement la distribution de dividendes. Le profit résultant de la différence entre le taux des emprunts contractés par la société et le taux des prêts qu'elle a consentis doit être affecté, jusqu'à concurrence des 3/4 au moins, à la constitution d'un fonds de réserve. Ce fonds de réserve doit atteindre la moitié du capital social et, une fois constitué, le reste de profit « pourra être réparti, à la fin de chaque exercice, entre les syndicats et les membres des syndicats au prorata des prélèvements faits sur leurs opérations » (art. 3). Les sociétés sont exemptes du droit de patente et de l'impôt sur les valeurs mobilières.

Après avoir terminé l'exposé des principes établis par la loi de 1894, nous allons voir quels sont les résultats pratiques obtenus par cette réglementation et par les modifications postérieures.

L'objet de la loi de 1894 était que l'organisation du crédit agricole débutât par les associations locales suivant les désirs et les besoins des agriculteurs eux-mêmes. Le capital très insuffisant mis à la disposition des sociétés de crédit (capital social et dépôts de l'épargne) ne permettait pas d'espérer de grands résultats, car le champ d'opérations était restreint. Mais c'était le seul moyen d'amorcer le problème du crédit agricole. Créer une banque centrale, on ne pouvait plus y penser après l'échec de 1862. Pour cela toute une série de mesures législatives applicables peu à peu était nécessaire. Les intentions du législateur à l'occasion de l'ébauche de la loi de 1894 étaient non seulement de créer des conditions meilleures pour la fondation des sociétés de crédit, mais aussi d'aider par des subventions matérielles la puissance de crédit de l'agriculteur. Comme suite à ces intentions, on vota la loi du 17 novembre 1897 portant la prorogation du privilège de la Banque de France, et celle du 31 mars 1899 relative à l'institution de caisses régionales de crédit agricole mutuel.

La première loi fixe que la Banque de France doit mettre à la disposition de l'Etat une avance de quarante millions et une redevance annuelle qui ne peut être inférieure à deux. Ces sommes sont octroyées par l'Etat aux besoins de crédit des agriculteurs. Comme la trésorerie publique ne devait pas entretenir un lien direct avec les sociétés locales particulières, il a fallu créer des organes intermédiaires, qui reçussent l'argent destiné au crédit agricole, et le prêtassent à leur tour aux sociétés locales de crédit. Ces organes ont été institués par la loi du 31 mars 1899 sur les caisses régionales de crédit agricole. Celles-ci étaient appelées à devenir des institutions autonomes fondées par les sociétés de crédit locales au gré de leurs besoins. Le principe de la mutualité est resté par la suite la base de l'organisation et les caisses régionales sont exemptées de l'impôt sur les valeurs mobilières, de la patente et de certaines formalités de constitution. Du capital que l'Etat recevait de la Banque de France pour les besoins de l'agriculture, les caisses régionales recevaient des avances sans intérêt et les distribuaient à leurs membres, les coopératives locales. La base de ces organisations est demeurée la même que celle de 1894. Aussi la caisse régionale possède-t-elle le capital social, les bénéfices sont affectés à un fonds de réserve et le reste, s'il s'en produit, est attribué aux associés au prorata des opérations faites par eux avec la société. La constitution du capital social s'opère de la même manière que pour les caisses locales. La répartition des avances est effectuée par le Ministre de l'Agriculture après le rapport d'une commission spéciale. L'Etat exerce le contrôle du fonctionnement des caisses régionales par des inspecteurs spéciaux.

La loi du 31 mars 1899, en instituant au second degré la caisse régionale, banque d'avances et comptoir d'escompte, constitue une sage contribution à l'organisation du crédit agricole. Le caractère mutualiste est conservé tout entier, et la nouvelle organisation régionale s'est montrée comme particulièrement apte à accélérer la diffusion des institutions de mutualité du premier degré. Grâce à un large appui financier de l'Etat, les caisses régionales, ainsi que les caisses locales, se multiplièrent dans toute la France, ce qui ressort du tableau suivant :

| | | | |
|---|---|---|---|
| 1900 ............... | 9 | 87 | 2.175 |
| 1901 ............... | 21 | 309 | 7.998 |
| 1902 ............... | 37 | 456 | 22.476 |
| 1903 ............... | 41 | 616 | 28.204 |
| 1904 ............... | 54 | 963 | 42.683 |
| 1905 ............... | 66 | 1.355 | 64.874 |
| 1906 ............... | 74 | 1.638 | 76.188 |
| 1907 ............... | 88 | 2.168 | 96.192 |
| 1908 ............... | 94 | 2.636 | 116.866 |
| 1909 ............... | 95 | 2.983 | 133.382 |
| 1910 ............... | 96 | 3.338 | 151.601 |
| 1911 ............... | 97 | 3.946 | 185.552 |
| 1912 ............... | 98 | 4.204 | 215.695 |

Ce développement des caisses de crédit a été suivi par de nombreuses lois parmi lesquelles nous ne devons pas manquer de signaler quelques-unes. Ainsi, les lois du 18 juillet 1898 et du 30 avril 1906 avaient pour objet d'organiser une hypothèque mobilière ou, encore mieux, de créer un papier agricole aisément négociable, qu'on appelle couramment le warrant agricole. La loi du 19 mars 1910, votée à la suite des grandes inondations de la même année, avait pour but d'aider à l'acquisition et à l'amélioration des petites propriétés rurales. Les deux premières lois envisageaient le crédit à court terme, individuel et collectif ; la troisième établit le prêt individuel à long terme, par cette disposition que « les sociétés de crédit agricole peuvent également consentir des prêts individuels à long terme, destinés à faciliter l'acquisition des petites propriétés rurales ». Par conséquent, toutes les dispositions relatives à la petite propriété rurale ont été introduites par deux sortes de lois : les unes relatives au crédit agricole, les autres relatives à l'habitation à bon marché et à l'acquisition de la terre. La codification de ces dispositions a été faite dans les deux grandes lois des 5 août 1920 et 5 décembre 1922. La première de ces lois doit attirer notre attention ; l'autre, ayant pour but d'organiser le crédit foncier, ne se rattache qu'indirectement au sujet dont il est question.

On peut dire que, par la loi du 5 août 1920, promulguée sur le crédit et la coopération, on a achevé l'organisation du crédit agricole en France. Après la création des institutions locales et régionales, on a dû songer à organiser une banque centrale de crédit agricole. C'est pourquoi fut créé par ladite loi l'Office National, dont une loi récente en date du 9 août 1926 a transformé l'appellation en *Caisse Nationale* de crédit agricole.

C'est un établissement public qui a pour objet de faciliter les opérations des institutions de crédit agricole et de développer parmi les populations rurales l'idée et la pratique de la mutualité. La Caisse Nationale déploie son activité de différentes façons ; elle examine les demandes d'avances qui émanent des caisses régionales, et aussi d'autres sociétés coopératives et groupements énumérés par l'article 22 de la loi du 5 août 1920 ; elle contrôle le fonctionnement de toute association agricole ayant reçu des avances de l'Etat ; enfin, elle entreprend la codification des textes législatifs concernant le crédit agricole, et, par ses divers moyens de propagande, fait connaître aux agriculteurs les avantages qu'ils peuvent retirer des diverses sortes de la mutualité. La Caisse Nationale est administrée par un conseil d'administration et par une commission plénière, qui comprend des membres élus et des membres nommés par décret. La commission se réunit au moins une fois par trimestre. Elle a comme pouvoir l'élection des membres du conseil d'administration, et l'approbation des comptes et de l'activité générale de la caisse.

La principale opération de la Caisse Nationale est la gestion de la dotation affectée au crédit agricole par la loi du 31 mars 1899. Cette dotation est constituée par une avance remboursable de la Banque de France de 40 millions de francs, et par une partie du produit des redevances annuelles que la Banque de France verse au Trésor en application des lois portant renouvellement de son privilège. A la date du 31 décembre 1927, la dotation du crédit agricole était de 836.957.211 francs ; l'augmentation pendant l'année 1928 a été de 22.861.562 francs, ce qui fait le total de la dotation de 859.818.773 francs. Une disposition introduite dans la loi de finances du 19 décembre 1926 autorise la Caisse Nationale à recevoir de toute personne les dépôts de fonds pour faire face aux prêts qu'elle consent. Par la gestion des dépôts confiés par les caisses régionales, elle doit jouer le rôle de caisse de compensation. Jusqu'à ces derniers temps cette disposition n'était pas mise en pratique.

La répartition des sommes disponibles entre les différentes

formes de crédit a été faite d'après le décret du 11 août 1928 de la façon suivante : 65 % pour le crédit individuel à long terme (pour faciliter l'accession à la terre), 35 % pour le crédit collectif à long terme en faveur des sociétés coopératives agricoles. Cette répartition a été modifiée par le décret du 17 mai 1929 qui l'a ainsi fixée :

50-75 millions au crédit à court terme ;
67,5 % au crédit individuel à long terme ;
32,5 % au crédit collectif à long terme.

Le crédit à moyen terme (achat de matériel agricole, d'animaux, amélioration foncière) est doté par la loi du 18 juillet 1898 d'un fonds spécial de 500 millions. Cette somme provient d'avances que la Caisse des dépôts et consignations fera au Trésor, sur les fonds de ses comptes propres, ou sur ceux de caisses dont elle a la gestion. La loi dont il est question a encore modifié la loi du 5 août 1920 en élevant de 40.000 à 60.000 francs le montant maximum des prêts individuels à long terme.

Dans le rapport au Président de la République (1) nous relevons que les avances accordées par le conseil d'administration de la Caisse Nationale, en 1928, s'élèvent à 125 millions 813.000 francs. Depuis 1900 jusqu'à 1928 inclus, le montant de ces avances s'est accru à 1.168.557.951 francs. En ajoutant à cette somme le montant des remboursements effectués en compte-courant par les caisses régionales sur les avances pour prêts à court terme, soit 18.405.000 francs, on a le total des sommes qui ont été mises à la disposition des caisses régionales : 1.186.962.951 francs. Le total des avances demandées à la Caisse Nationale, depuis le commencement de leurs opérations jusqu'au 31 décembre 1928, a été de 1.530 millions 201.863 francs. Il en résulte que les ressources de la dotation

(1) *Journal officiel*, 29 décembre 1929.

n'étaient pas suffisantes pour satisfaire aux demandes d'avances dont la Caisse Nationale avait été saisie.

D'après la statistique officielle, il existait, au 31 décembre 1928, 109 caisses régionales, auxquelles étaient affiliées 5.704 caisses locales, groupant 402.440 adhérents. Ces 109 caisses régionales avaient un capital versé de 95 millions 694.046 francs et des réserves s'élevant à 85.141.092 francs. Le solde de leurs dépôts était de 633.582.229 francs.

Le montant des *prêts à court terme* consenti par les caisses régionales, pendant les années 1927 et 1928, était de 994 millions 241.104 francs. Sur cette somme le montant des avances pour prêts à court terme, pris à la dotation du crédit agricole, était de 62.465.000 francs. La plus grande partie des opérations à court terme a donc été faite avec les ressources propres des caisses régionales. C'est ainsi que les ressources de la dotation du crédit agricole étaient réservées davantage aux prêts individuels et collectifs à long terme. Depuis qu'on a autorisé les agriculteurs associés à déposer leurs fonds à leurs caisses locales ou régionales, on peut dire que le crédit à court terme possède toutes les disponibilités nécessaires. *Les prêts à moyen terme* sont remboursables par annuités et dans un délai de dix ans au maximum. Le nombre des prêts à moyen terme consenti en 1928 représente une somme de 137 millions 686.796 francs ; le solde de ces prêts en cours au 31 décembre 1928 était de 280.867.371 francs. Le montant des *prêts individuels* à long terme consentis en 1928 a été de 49 millions 20.994 francs ; le solde de ces prêts au 31 décembre 1928 était de 251.569.606 francs. Le montant des *prêts collectifs* à long terme nouveaux consentis en 1928 a été de 29.957.000 francs, avec le solde de 188.553.934 francs.

Il résulte, de l'exposé que nous venons de terminer, que le crédit agricole en France est organisé sur la base unitaire et centraliste. Unitaire en ce sens qu'il existe dans tous les départements des caisses régionales et des caisses locales, fondées sur les mêmes principes et avec des statuts semblables. Centraliste, parce que toutes les caisses de crédit reçoivent des avances de la Caisse Nationale, qui, en qualité d'organisme central, dirige le mouvement du crédit et de la coopération agricole. Les résultats obtenus jusqu'à présent ont démontré la vitalité de cette organisation. L'augmentation, constatée ces dernières années, du montant des dépôts des fonds reçus par les caisses régionales, rendra à la Caisse Nationale le rôle de caisse de compensation, qui lui avait été dévolu par la loi du 5 août 1920. Dans ces conditions, la Caisse Nationale pourra développer davantage les opérations de prêts à long et à moyen terme, et faciliter de la sorte l'accession à la petite propriété rurale et à l'intensification de la production agricole.

Les coopératives agricoles de crédit, grâce à l'initiative et à l'appui financier de l'Etat, commencent, d'après l'expression de M. Charles Gide, « à voler de leurs propres ailes ». Dans la période de la stabilisation monétaire et de la crise agricole générale, l'agriculture française sera obligée de faire un plus grand appel au crédit, pour pouvoir abaisser ses prix de revient ou transformer sa production. L'organisation actuelle du crédit pourra certainement remplir cette mission, mais à la condition d'être dotée plus largement, pour qu'elle ne soit pas obligée de repousser les demandes d'avances présentées par sa clientèle.

---

# DEUXIÈME PARTIE

## CHAPITRE PREMIER

## La structure agricole dans la Yougoslavie

Dans le bilan économique de la Yougoslavie c'est l'agriculture qui tient la première place. Sur le nombre total de la population de 12.017.323 habitants, 80 % s'occupent d'agriculture et la prospérité économique du pays ne peut pas se concevoir sans la prospérité de la production agricole. En vérité, les possibilités de développement de l'agriculture sont très grandes parce que le pays possède les plus solides éléments de la richesse agricole : l'excellente qualité de la terre, la bonne position géographique, et surtout le fait que le cultivateur yougoslave est très attaché à la terre. Il est vraiment très rare de trouver dans un même pays une pareille diversité de sols et de climats. Ce fait rend possible la variété de la production, et par conséquent adoucit les différences de quantité et de qualité des produits agricoles entre une année d'extrême sécheresse et une année de fortes inondations. Dans la zone de végétation maritime nous trouvons la culture de l'olivier, du citronnier, de l'oranger, de l'amandier, du figuier, du tabac, du riz, de l'opium et du coton ; et dans la zone climatérique continentale l'importante culture des céréales et des fruits. A l'exception de quelques articles tropicaux la terre ne connaît aucun produit agricole qui ne puisse réussir et fructifier. On peut dire que la nature s'est montrée exceptionnellement généreuse à l'égard du sol yougoslave ; faudrait-il encore savoir organiser et développer la production nationale.

En présence de tels faits, nous nous voyons obligé de tracer un tableau de la structure agricole de la Yougoslavie, pour nous rendre compte du rôle important qu'aura à jouer la nouvelle organisation du crédit agricole.

D'après le recensement de 1921, la superficie et la densité de la population yougoslave, suivant les régions, se répartissent comme l'indique le tableau suivant :

| Régions | Superficie en km² | Population | Densité. |
|---|---|---|---|
| Serbie du Nord | 49.950 | 2.655.078 | 53,2 |
| Serbie du Sud | 45.717 | 1.474.560 | 32,5 |
| Monténégro | 9.668 | 199.857 | 20,7 |
| Bosnie et Herzégovine | 51.199 | 1.889.929 | 36,9 |
| Dalmatie | 12.732 | 621.429 | 48,8 |
| Croatie et Slavonie | 43.822 | 2.739.593 | 62,5 |
| Slovénie | 16.197 | 1.056.464 | 65,2 |
| Voïvodine | 19.702 | 1.380.413 | 70,1 |
| Au total | 248.987 | 12.017.323 | 48,3 |

D'après ces chiffres, la plus grande densité de la population se trouve en Voïvodine, dont la terre est d'une grande fécondité, et la plus faible au Monténégro, pays montagneux et très arriéré au point de vue économique. En comparaison avec la plupart d'autres pays européens, cette densité peut être jugée insuffisante, mais le taux de l'accroissement réel de la population est évalué à 1,50 %, et par là, la Yougoslavie se place parmi les pays les plus prolifiques du monde (1). Cette petite densité démontre le caractère purement agricole du pays qui ne possède pas de grands centres industriels. D'après une statistique récemment établie, il y a en Yougoslavie 24.255 villages et

(1) Stamenkovitch : *L'émigration yougoslave*, 1929, p. 17.

4.545 hameaux, au total 28.850. Les autres localités sont au nombre de 1.265. Les villages à eux seuls constituent les 4/5 de la population qui s'adonne à l'exploitation de la terre. Dans son état actuel l'économie yougoslave ne connaît pas le problème de l'exode rural, malgré la crise agricole et les conditions difficiles de vie à la campagne. Ce fait peut s'expliquer par l'existence d'un grand nombre de petits propriétaires qui se montrent plus difficiles, quand il s'agit de quitter la terre, que les ouvriers agricoles. Il faut qu'on sache profiter de cette situation favorable, où la considération économique se réduit seulement au désir d'améliorer le rendement agricole, et par conséquent s'employer à faire prospérer la petite propriété rurale. Il est tout à fait exact de dire que les crises économiques frappent moins les pays qui possèdent un système de petites propriétés bien développé et bien organisé. Les grands domaines nécessitent des salariés que rien n'attache à la terre et qui peuvent facilement devenir des ouvriers d'usine. Il est possible qu'un développement momentané de l'industrie éloigne les travailleurs de l'agriculture et constitue un manque de main-d'œuvre agricole. Un des problèmes brûlants pour l'agriculture en France est le manque de main-d'œuvre ; il a été cependant constaté que l'exode rural est plus faible dans des régions de petites propriétés que dans les régions de grands domaines qui ont besoin d'ouvriers agricoles. Le petit propriétaire quitte sa terre très difficilement, ce qui lui permet de contribuer à la stabilisation de toutes les branches de la vie économique.

En ce qui concerne la Yougoslavie, on peut dire qu'elle est un pays de paysans, cela, non seulement à cause d'un gros pourcentage de la population qui travaille aux champs, mais encore parce que le sol y est extrêmement morcelé. Le grand nombre de petits propriétaires s'adonne à l'exploitation de la terre dans des conditions particulièrement difficiles, et pour des raisons différentes n'obtient qu'un revenu restreint de son travail. Ainsi la répartition du revenu national par différentes branches économiques et d'autre activité de la population, en pourcentage, est faite de la façon suivante :

| | |
|---|---|
| 1. Agriculture et élevage | 39,42 % |
| 2. Revenus des forêts | 4,91 % |
| 3. Pêche et revenus des mines et sources | 1,23 % |
| 4. Revenus de l'industrie et des constructions | 24,00 % |
| 5. Revenus du commerce, des banques et des voies de communications | 7,33 % |
| 6. Revenus dérivés | 13,11 % |
| Revenu global | 100 % |

Il ressort de ce tableau que notre revenu national, si nous le comparons avec les revenus d'autres pays, est loin d'être satisfaisant, et que la situation de l'agriculture est celle des plus mauvaises. Tandis que les autres branches économiques absorbent 60,58 % du revenu global, l'agriculture reçoit seulement 39,42 %, c'est-à-dire beaucoup moins qu'elle devrait recevoir en cas de répartition proportionnelle. Ce faible revenu de notre agriculture est dû, en général, à la façon inférieure dont la culture est pratiquée. Le paysan, ne possédant pas des capitaux nécessaires et manquant d'instruction dans la matière agricole, est obligé de rester toujours aux moyens primitifs de l'exploitation de la terre. Par conséquent, lorsque, dans certaines régions, le climat favorise diverses cultures, dont les produits sont très recherchés sur le marché, le paysan ne peut pas en profiter. L'ignorance et la pauvreté lui enlèvent la souplesse pour diriger sa production vers des cultures ayant un meilleur prix et l'écoulementt assuré sur le marché mondial.

La Yougoslavie d'aujourd'hui, après la délimitation définitive, occupe une superficie de 24.848.829 hectares. Sur ce chiffre, selon les données statistiques du Ministère de l'Agriculture, la superficie cultivée en 1926, était de 11.354.405 hectares et se répartissait dans les proportions suivantes :

| | | | |
|---|---|---|---|
| Terres labourables | 6.111.691 | hectares. | 53,83 % |
| Jardins | 123.914 | — | 1,09 % |
| Prairies | 1.681.568 | — | 14,81 % |
| Pâturages | 4.866.630 | — | 25,25 % |
| Vignobles | 175.016 | — | 1,54 % |
| Vergers | 253.807 | — | 2,23 % |
| Marais productifs | 147.779 | — | 1,25 % |

Si l'on ajoute la surface boisée, d'une étendue de 7.357.000 hectares, la terre productive occupe une superficie de 18 millions 711.405 hectares, contre 6.137.424 hectares de terre improductive. A part des régions calcaires qui ne sont pas aptes aux cultures, la surface à cultiver peut être augmentée dans les autres régions, en réglant l'irrigation des contrées sujettes aux inondations, en asséchant les marais ou en procédant au drainage des bas-fonds humides.

La plus grande partie des terres labourables est plantée de plantes à graines, et parmi celles-ci viennent en premier lieu le froment et le maïs. Voici les données qui indiquent le rendement moyen en quintaux métriques par hectare pour ces deux principales céréales :

| Années | Froment d'hiver | Maïs |
|---|---|---|
| 1924 | 9,26 | 19,31 |
| 1925 | 12,42 | 18,30 |
| 1926 | 11,61 | 17,10 |
| 1927 | 8,48 | 10,20 |

Le rendement varie suivant les méthodes de culture et suivant les conditions climatériques. Le rendement de froment en Voïvodine est en général de 10,68 M. Q. par hectare ; en Croatie 11 ; en Serbie du Nord 10,26, et il est le plus faible en Serbie du Sud avec 8,13. Le froment représente le principal article d'exportation ; la nourriture de la population en absorbe environ 11 millions 600.000 kilogs, c'est-à-dire 65,08 % de la récolte. Le maïs constitue la principale plante alimentaire de la population. D'après les renseignements du Ministère de l'Agriculture, chaque paysan consomme 157 kilos de maïs et 97 kilos de froment par an. Pour démontrer ce que la production de maïs représente dans le bilan économique du pays, il est suffisant de rappeler qu'en 1925 on a exporté pour plus de deux milliards de dinars de cette céréale, soit environ 25 % du total des exportations pour la même année. En 1927, un été très sec a influencé défavorablement la production de maïs, dont la valeur exportée atteint à peine 10 millions de dinars. Une mauvaise récolte du maïs et du blé avait toujours pour conséquence le passif de notre balance commerciale.

Représentée par des données statistiques, notre balance commerciale a l'aspect suivant (en millions de dinars) :

| Années | Actif | Passif |
|---|---|---|
| — | — | — |
| 1919-23 ............ | — | 9.113,2 |
| 1924-26 ............ | 1.655,1 | — |
| 1927-28 ............ | — | 2.276,7 |
| 1929 ................ | 327 | — |
| Total ........ | 1.982,1 | 11.389,9 |
| Solde passif... | 9.407,8 | |

L'élevage constitue de même une des principales sources de la richesse économique du pays. Parmi les Etats Balkaniques, la Yougoslavie tient pour l'élevage la première place, mais, comme le montre le tableau suivant, elle n'a pas encore retrouvé sa situation d'avant-guerre :

| | 1914 | 1921 | 1927 |
|---|---|---|---|
| | — | — | — |
| 1. Chevaux ........... | 1.550.776 | 1.069.310 | 1.120.310 |
| 2. Vaches et bœufs.... | 6.276.855 | 4.960.397 | 3.729.343 |
| 3. Porcs et cochons.... | 5.233.950 | 3.373.041 | 2.769.848 |
| 4. Brebis ............. | 11.570.260 | 7.011.204 | 7.735.915 |
| 5. Chèvres ........... | 2.445.370 | 1.552.759 | 1.738.958 |

L'importance de l'exportation des bestiaux et de leurs produits ressort des indications statistiques d'après lesquelles, pendant les années 1920-1927, sur la valeur totale des exportations qui s'élevaient à 48.182 milliards de dinars, l'élevage représentait 14.141 milliards, soit 29,42 % du total de l'exportation. Si l'on tient compte de la crise agricole provoquée par la surproduction des céréales dans le monde, c'est vers l'élevage que l'économie de nos paysans doit s'orienter.

Parmi les problèmes importants que la Yougoslavie eut à résoudre après sa formation, la réalisation de la réforme agraire fut placée au premier plan. Cette réforme s'imposait aussi bien par des raisons économiques que par d'autres raisons d'ordre politique et social. En effet, la répartition de la terre, dans les régions qui appartenaient, avant leur union avec la Serbie, à l'Autriche-Hongrie, était faite de telle façon que la plus grande partie de la population rurale était obligée de cultiver les domaines des grands propriétaires féodaux. Dans ces conditions, ne pouvant pas profiter entièrement de son travail, le paysan n'était nullement disposé à cultiver la terre d'une façon intensive et rationnelle. En considérant que la propriété est le meilleur des stimulants au travail, il a fallu procéder à de larges réformes agraires. Le décret-loi du 25 février 1919 a posé les principes essentiels de la réforme agraire, et la constitution du 28 juin 1921, dans son article 42, disposait que « les conditions féodales sont considérées légalement supprimées du jour de la libération du pouvoir étranger ». De même on a procédé à la distribution de la propriété, par le morcellement forcé des grands domaines et la répartition des terres entre les paysans. Le maximum de terre que la réforme agraire doit laisser à un propriétaire est fixé, en principe, à 300 hectares.

Les résultats obtenus jusqu'à présent par des mesures de la réforme agraire ne sont pas satisfaisants. L'absence de méthode et des travaux préparatoires ont eu de pénibles répercussions sur la production agricole. La grande difficulté consistait dans le fait que les petits propriétaires devenus libres sur leurs terres étaient très pauvres en capitaux d'exploitation. A cause de ce manque des capitaux, ils ne pouvaient pas songer à intensifier et développer leur production. On s'est aperçu, quoique un peu trop tard, que parallèlement à la réforme agraire, il a fallu organiser le crédit agricole à bon marché et à des conditions satisfaisantes. Le premier essai fut fait dans ce sens par la loi du 12 juin 1925. Ce système ne pouvait pas fonctionner et la loi du 16 avril 1929 institue la Banque Agricole Privilégiée, un établissement financier soutenu par l'Etat en vue de satisfaire les besoins de crédit des agriculteurs yougoslaves.

---

CHAPITRE II

## Historique de l'organisation du Crédit agricole en Yougoslavie

---

Ce chapitre doit comprendre l'histoire des institutions du crédit agricole dans les diverses provinces yougoslaves. La plus grande partie sera réservée à l'histoire du crédit agricole en Serbie, où le problème du crédit, en raison de quelques particularités qui le caractérisent, représente une expérience à la fois instructive et intéressante à étudier. Nous avons réuni ces diverses données en nous efforçant de présenter une idée, aussi complète que possible, de l'origine et du développement des institutions du crédit agricole en Serbie jusqu'en 1918, date de son union avec les autres régions yougoslaves dans un Etat commun. A l'époque qui précédait l'union nationale, lorsque les autres régions se trouvaient sous la domination étrangère, la Serbie, comme Etat indépendant, composée exclusivement de petits propriétaires ruraux, avait prêté beaucoup d'attention à la recherche d'une bonne organisation du crédit agricole. En 1836, déjà nous trouvons en Serbie, l'institution du bien de famille insaisissable (homestead), et un peu plus tard, en 1839, l'Etat essaya pour la première fois de distribuer directement le crédit aux agriculteurs. Au cours de tout le dernier siècle, le législateur serbe est intervenu à plusieurs reprises, soit en prenant des mesures de protection, soit en procédant à l'organisation du crédit public. Ces tentatives, quoique infructueuses, peuvent être instructives pour le présent, surtout au moment où la question du crédit agricole est de toute première actualité.

Dans les autres régions yougoslaves, l'organisation du crédit agricole s'est faite par des coopératives, qui avaient souvent à surmonter les obstacles que lui opposaient les pouvoirs publics austro-hongrois, qui regardaient d'un mauvais œil ces organisations travailler aussi à l'enseignement et au redressement des peuples opprimés. Ainsi, le développement de la coopérative yougoslave est étroitement lié aux frontières ethniques et régionales, qui ont joué un rôle important dans le passé. En lutte constante contre la domination et l'influence étrangères, la coopérative a été considérée, non seulement comme un instrument de la prospérité économique de la population, mais aussi comme la meilleure manière d'intensifier la propagande pour la culture nationale. Rien que de naturel si, dans de telles conditions, le mouvement politique a joué un rôle important et si la coopérative n'a pu se développer dans un cadre national unique. De cette façon nous sommes amené à étudier l'activité des diverses organisations agricoles dispersées en Croatie, Slavonie, Bosnie, Herzégovine et Slovénie. Cette tâche nous est rendue particulièrement difficile par l'insuffisance des documents statistiques et d'études monographiques. D'autre part la situation a évolué et ces tentatives ne peuvent avoir aujourd'hui qu'un intérêt historique. Le problème de la coopérative yougoslave se trouve désormais dépourvu de tout intérêt politique et ne doit être considéré que comme un problème économique et social. C'est pourquoi nous nous bornerons à souligner les points les plus importants dans le développement historique des coopératives yougoslaves, ce qui nous permettra, d'ailleurs, de comprendre dans une large mesure le problème coopératif tel qu'il se pose actuellement en Yougoslavie.

## Section I

### L'EXPÉRIENCE DE LA SERBIE

La vie économique de la Serbie durant l'occupation turque, de la fin du XIVe jusqu'au commencement du XIXe siècle, a été à un niveau très bas. Les envahisseurs, peuple d'origine nomade et guerrière, ne montrèrent ni compréhension, ni souci pour le progrès économique du pays conquis. Le commerce et l'industrie en souffrirent beaucoup, tandis qu'à l'agriculture était appliquée la forme d'exploitation la plus primitive. La population se divisait d'une part en classe dirigeante, composée des hauts fonctionnaires publics ; et d'autre part en classe opprimée, historiquement connue sous le nom de « serfs », qui cultivait la terre et, en outre, était soumise aux travaux publics et à différentes corvées. La terre appartenait à l'Etat, mais les dirigeants percevaient les impôts en nature qui fréquemment atteignaient la moitié de la récolte totale. Les impôts étaient particulièrement élevés par suite des guerres fréquentes faites par la Turquie. En outre, l'administration mal organisée favorisait grandement l'arbitraire et le despotisme sans frein des fonctionnaires publics. Dans de telles circonstances, faute de sécurité individuelle et matérielle, la vie économique du pays a été très arriérée et incertaine et l'agriculteur produisait le strict nécessaire pour subvenir à la subsistance de sa famille ainsi qu'à l'acquittement des impôts. C'est seulement au début du XIXe siècle que commence la lutte pour l'indépendance nationale. La Révolution de 1804 suivie d'efforts heureux a établi l'indépendance de l'Etat Serbe. En vertu du hatichérifat du 26 octobre 1833, l'expulsion des spahis fut décidée, ainsi que la répartition des grandes propriétés. Cette réforme agraire a été introduite sans trop de difficultés, ce qui n'est d'ailleurs pas difficile à saisir, si on songe que les Turcs, grands propriétaires, étaient proscrits du pays et que les paysans étaient le seul facteur important et décisif dans les luttes pour l'indépendance nationale. Le nouvel Etat était un pays agricole, par excellence, dans lequel les autres classes sociales n'étaient pas encore formées.

Dans ce nouvel Etat, l'agriculteur possédait plus de moyens pour le progrès, mais en même temps avait autant d'obstacles à surmonter. Nous n'ignorons point que l'agriculteur s'adapte très péniblement aux nouvelles conditions de la vie ; tout changement d'existence et de travail provoque chez lui incontestablement des crises que l'on aperçoit moins dans d'autres branches de l'activité économique. Ayant conquis de haute lutte la sécurité individuelle et matérielle, il a dû remplir les obligations qui lui ont été imposées tant par l'Etat que par d'autres unités autonomes ; l'impôt en argent a été substitué à l'impôt en nature. D'autre part, les besoins modernes croissant l'ont poussé à l'achat des objets industriels. Sans doute sa situation s'est améliorée sensiblement à la suite de l'extension des villes et de l'augmentation rapide du pourcentage de consommateurs des produits agricoles. Mais à partir de cette époque il fallut produire davantage et monnayer les produits sur les marchés. L'entrée dans la phase de l'économie monétaire a disloqué les communautés familiales qui, comme communautés matérielles, offraient une plus grande résistance sous l'occupation turque. La tendance à la vie familiale indépendante a favorisé les évolutions de la communauté d'intérêts de la famille et la multiplication des petits propriétaires a fait naître le besoin encore plus grand de la terre. Tous ces faits rendaient la situation matérielle de l'agriculteur plus difficile encore. Dépourvu de tout sens de la spéculation, ses produits laissaient à désirer, et sa condition matérielle, par la force des choses, accusait un fort déficit ; ainsi apparut manifestement la nécessité d'une organisation du crédit, qui portât au premier abord les signes du crédit de consommation. Cependant, les conditions pour l'investissement du crédit étaient trop défavorables. Il n'existait point de marchés monétaires régularisés, et les premières banques, qui commençaient à se fonder avec des capitaux très modestes, limitaient leur activité aux populations urbaines : commerçants, artisans, etc... ; car l'agriculteur n'offrait pas suffisamment de garanties pour le placement des capitaux. Se trouvant dans la gêne, l'agriculteur était obligé de s'adresser aux commerçants de campagne, aux cafetiers, et aux personnes riches qui vivaient à la campagne. Les conditions dans lesquelles il obtenait le crédit de cette catégorie de gens était très lourdes et ruineuses ; de cet état de choses est sorti le crédit usurier qui s'est développé rapidement, ainsi que nous l'exposerons en des traits détaillés.

L'usure est un fait très connu dans tous les pays économiquement arriérés, sans marchés monétaires réguliers et sans institutions de crédit spéciales. Elle se fait voir sous différentes formes, mais « ce qui leur est commun à toutes, c'est qu'elles profitent de la misère, de l'ignorance ou de la légèreté d'une personne pour s'assurer un bénéfice tout à fait hors de proportion avec la prestation qu'elles effectuent » (1). La lutte menée contre l'usure au cours du siècle dernier dans la plupart des Etats européens, particulièrement en Allemagne et en Italie, montre que, pour empêcher que ce mal social se propage, l'intervention de l'Etat est indispensable. D'ailleurs, cette intervention devra avoir pour objet non seulement d'empêcher le développement du crédit usurier, mais aussi d'aider à mettre sur pied les institutions spécialement créées pour l'organisation du crédit agricole dans des conditions favorables. En Allemagne, la loi de 1880, complétée par celle de 1893, interdit toute spéculation relative à la conclusion d'un emprunt pour lequel le prêteur prend un intérêt supérieur à celui habituellement pratiqué. En outre, l'Etat octroie des subventions au mouvement coopératif moyennant la fondation, d'après la loi

(1) Philippovich : *O. c.*, p. 316.

du 31 juillet 1895, d'une caisse centrale des associations subventionnées par l'Etat.

En Serbie, les circonstances, ainsi que nous les avons exposées ci-dessus, étaient favorables au développement de l'usure et, à peine libéré, le paysan a recommencé à s'endetter rapidement. Les biens des paysans commencent petit à petit à passer dans les mains de créditeurs et à cette époque apparaît le prolétariat agricole. Désirant conserver l'ordre agraire existant dans le pays, désirant aussi empêcher l'accroissement de la misère et l'appauvrissement du peuple, le législateur se décide enfin à intervenir et, par l'ukase du knez Miloch du 29 mai 1836, institue le bien de famille insaisissable (Heimstätte, homestead).

Il est intéressant de savoir que le législateur a eu en considération la protection des débiteurs en général, sans distinction de profession, puisque l'ukase déjà nommé contenait : « Nul ne pourra emprunter dans les villes sur la maison qu'il habite avec sa famille et dans les campagnes sur sa maison ancestrale, sur deux bœufs et une vache ; de même aucune hypothèque inscrite sur les biens ci-dessus mentionnés ne sera reconnue valable devant aucun tribunal ; ainsi les femmes et les enfants sans aide et protection pourront conserver un toit pour s'abriter après l'anéantissement de leur fortune ». La conséquence de cette protection législative était de réduire notablement la capacité d'emprunt des petits agriculteurs ; d'autre part, grâce à cette mesure a été évité leur appauvrissement total, ainsi que la vente de leurs biens.

Après cela vient toute une série d'ukases ayant pour but l'amélioration des conditions de l'agriculteur. Parmi eux, le plus important est l'ukase du 12 mars 1836, par lequel est mise en vigueur dans tout le pays l'institution de greniers agricoles. Dans ces greniers on devait entasser les denrées alimentaires de réserve et, en cas de pénurie, les répartir entre le peuple, car les famines étaient très fréquentes, par suite de la faiblesse économique du pays. L'administration des greniers était confiée aux conseillers ruraux, et chaque contribuable devait y apporter sa part annuelle de 50 oka de denrées (poids équivalent à 60 kilogrammes).

Cependant, par l'ukase du 12 septembre 1839, l'Etat prend sur soi pour la première fois le rôle de créditeur public. La caisse publique accordait le prêt à tous ceux qui pouvaient offrir une garantie en biens immobiliers ou des cautions personnelles. L'Etat disposait à cette époque de grands moyens financiers pour la raison que les dépenses publiques étaient encore limitées, et la perception des impôts assez bien organisée. L'intérêt sur prêt était porté à 6 %, et même, dans le cas d'une extrême nécessité, il a pu être prorogé ; quant à la somme prêtée, elle ne pouvait être inférieure à 50 ducats. Les formalités à remplir préalablement à tout emprunt étaient très encombrantes pour les paysans illettrés. Les frais occasionnés par l'estimation des biens et par l'inscription de l'hypothèque étaient très élevés ; donc le paysan n'a tiré que très peu de profit de ce crédit. Les résultats n'étaient nullement satisfaisants, car « le crédit des caisses publiques avait été organisé de sorte que seuls les gens aisés avaient pu en profiter. Ceux qui n'avaient pas de biens immobiliers et auxquels les frais des formalités préalables coûtaient trop cher ou enfin ceux qui n'avaient besoin que de petites sommes, tous ceux-là ont dû avoir recours à des prêteurs particuliers. L'Etat a ouvert le crédit aux riches, mais non aux petits producteurs et à la masse populaire » (1).

Les gens riches en profitaient le plus ; ils empruntaient à la caisse publique de fortes sommes avec un petit intérêt, et ils les prêtaient ensuite aux agriculteurs pauvres sous des conditions exorbitantes. Ainsi cet essai de l'Etat comme créditeur a lamentablement échoué après avoir largement encouragé l'usure, et le paysan a continué à être la victime de ses manque-

(1) Yovanovitch : *Défenseurs de la Constitution (1838-1858)*, p. 75.

ments et de la cupidité humaine. L'un des auteurs les plus qualifiés sur l'histoire de la classe paysanne en Serbie, M. Avramovitch, s'exprime ainsi en parlant de cette époque : « Le paysan avait grandement besoin d'argent pour passer par cette transition de l'économie en nature à l'économie monétaire et pour organiser en même temps sa vie économique en se basant sur cette dernière. L'argent lui faisant défaut, il a dû emprunter et quand il ne pouvait l'obtenir par des caisses d'Etat ou ses institutions, il l'empruntait coûte que coûte à des usuriers sans scrupules » (1).

L'opinion publique s'alarme et entreprend la lutte contre l'endettement et la ruine inévitable de la classe paysanne. Sous l'influence des protestations réitérées, Knez Miloch supprima, l'année 185[illegible], toute prestation de la caisse publique et modifia la réglementation précédente d'emprunts de caisses communales. En vertu de la nouvelle réglementation, les formalités de l'estimation de biens immobiliers sont supprimées et les emprunts pourront être accordés à l'avenir sous la garantie de deux contribuables honorablement connus. Par ce remède et par la suppression des emprunts de la caisse publique, on a cru rendre accessibles les emprunts, au moins les rendre aisés ; en un mot on a cherché à combattre l'usure qui, en somme, opérait avec l'argent public. Cependant cette réforme offrait de mauvais côtés, particulièrement à cause des capitaux insuffisants dont disposaient les caisses communales. La question du crédit agricole n'a pas été prise en considération jusqu'à la loi du 12 août 1862 qui a fondé le Crédit Foncier. Cette institution se vit confier les fonds d'Etat, les fonds publics et ceux des pupilles qui étaient auparavant gérés par les tribunaux. Elle devenait ainsi une sorte de banque hypothécaire qui prêtait sur des immeubles et recevait les dépôts d'épargne de particuliers. Bien que le Crédit Foncier ait été créé en premier lieu pour les besoins des agriculteurs, les populations

(1) Avramovitch : *Trente ans de travail coopératif, 1894-1924*, p. 25.

urbaines en ont davantage profité pour se permettre des constructions nouvelles. Les prêts à petit intérêt qu'accordait le Crédit Foncier ne répondaient pas, en général, aux besoins des agriculteurs, à cause de leur long terme et surtout des fortes sommes qu'on devait rembourser à des échéances déterminées. Du reste, ne possédant pas de succursales dans l'intérieur du pays, et par suite des mauvais moyens de communication, le Crédit Foncier était inaccessible à la plupart des agriculteurs.

L'investissement de crédit a été particulièrement aggravé par le manque de livres fonciers par lesquels on aurait pu constater la superficie, la valeur et le rendement des terres, et, par conséquent, la capacité même de crédit des propriétaires.

En effet, le Code civil de 1844 a prévu, dans l'article 292, « que les biens fonciers seront portés sur le plan cadastral près les tribunaux d'arrondissement et qu'à chaque changement de propriétaire, les mêmes biens devront être transférés au nom du nouvel acquéreur ». Malheureusement, les dispositions de cet article n'étaient pas encore entrées en vigueur. Ce pays pauvre, épuisé par des guerres incessantes, en outre dépourvu d'un corps de fonctionnaires de ce ressort, n'est pas parvenu à régler, avec l'introduction des livres fonciers, les rapports juridiques, ni à faciliter l'investissement du crédit hypothécaire. Au plan cadastral a été substitué le système « tapiya », c'est-à-dire le titre délivré par le tribunal d'arrondissement certifiant que la personne nommée est bien propriétaire des biens inscrits audit titre. A l'occasion de la prise d'hypothèque, le bien est inscrit dans le registre des hypothèques, et l'extrait en est remis au créancier pour lui servir de preuve et de garantie. Il est certain que ce système est bien moins perfectionné que le système des livres fonciers et que les inexactitudes éventuelles, à la suite de la délivrance et du transfert du « tapiya », peuvent causer, à l'occasion de l'hypothèque ou de la vente des biens, différents litiges. Pour ces raisons, l'investissement de crédits hypothécaires fonciers a entraîné de gros frais et une perte de temps par l'estimation des biens. Ainsi seulement s'explique que le Crédit Foncier, fondé uniquement pour aider les agriculteurs, est devenu bientôt une institution purement urbaine (1). Ni lui, ni d'autres rares établissements financiers n'ont pu, à cette époque, surmonter les difficultés à l'occasion des emprunts sur les biens fonciers.

Pour ces raisons on a dû amplifier l'organisation du crédit et ainsi arriver à la loi du 12 octobre 1871, en vertu de laquelle sont instituées les caisses d'épargne départementales comme succursales du Crédit Foncier. Leur capital se composait uniquement des fonds des églises, des monastères, des perceptions communales, des dépôts des particuliers ; de plus, tous leurs engagements étaient garantis par l'Etat. Les prêts devaient être accordés tout d'abord aux agriculteurs. La somme minimum a été portée à 5 ducats et maximum à 500 ducats. Ces caisses publiques étaient constituées dans cinq départements seulement et s'étaient entièrement départies de leur but. Les prêts étaient accordés comme auparavant aux personnes aisées et influentes, et le petit agriculteur en a peu bénéficié.

De tout ce que nous venons de dire, il ressort que l'Etat serbe a montré beaucoup de bonne volonté pour organiser le crédit agricole, mais que tous ses efforts sont restés vains. En Serbie comme en d'autres pays qui cherchaient aussi à résoudre la question du crédit agricole, l'Etat ne fut pas à la hauteur de sa tâche et se montra un mauvais créditeur. « Ce champ d'attributions n'est point pour l'administration publique, elle est formaliste, trop lente, pas assez clairvoyante, et ne peut pas s'adapter ni aux gens, ni aux circonstances particulières, ainsi que l'exige le crédit, spécialement le crédit aux agri-

(1) D'après la statistique de 1910, les emprunts du Crédit Foncier montaient à 45.565.915 francs et se répartissaient ainsi : Belgrade, 23.912.596 ; les villes de province, 14.700.179, et les campagnes, 6.953.140 francs. Donc, du montant total de 45.565.915 francs, n'incombent aux campagnes que 6.953.140, et si l'on déduit encore les emprunts accordés aux non-agriculteurs qui demeurent à la campagne, ce chiffre est encore inférieur.

culteurs. Elle fonctionne d'après les dispositions générales, ne tient aucun compte des exceptions et pourtant celles-ci sont bien plus abondantes dans l'économie agricole que dans aucune autre ; et, d'autre part, l'Etat n'est point soustrait aux influences des partis politiques » (1).

Manquant de moyens pour venir en aide directement à la classe paysanne, le législateur entreprend une action plus efficace avec la loi de 1873, qui détermine le minimum insaisissable des biens paysans. L'article 471 du Code de Procédure civile dispose que « pour les dettes on ne pourra pas saisir à l'agriculteur une charrue, une voiture, deux bœufs, deux chevaux, une jument avec le poulain âgé de moins d'un an, une vache avec le veau d'un an, dix brebis, cinq porcs, cinq chèvres, une pioche, une hache, une faucille et une quantité d'aliments nécessaires à sa subsistance, à celle de sa famille et de son bétail jusqu'à la nouvelle récolte. En outre, on ne pourra point saisir pour chaque contribuable membre d'une famille, dont la principale occupation est l'agriculture, sans distinguer s'il demeure en ville ou à la campagne, un lopin de terre exigeant cinq jours de labourage et contenant 1.600 hvats carrés ; il est indifférent que la terre soit en friche, soit sous la forêt, sous les arbres ou les fruits non cueillis. Egalement on ne pourra pas saisir la maison d'habitation, ni le jardin en dépendant dont le labourage dure un jour ».

Par ses conséquences, cette loi a joué un rôle considérable dans la vie économique et politique de la Serbie. Pendant plus de cinquante ans elle a été fanatiquement défendue par les uns, combattue par les autres. Dès la discussion au Parlement, deux points de vue se sont opposés qui, dans l'ensemble, n'ont guère changé jusqu'à nos jours. La majorité gouvernementale considérait cette loi comme une mesure préventive ayant pour objet de combattre l'usure et de protéger ainsi les agriculteurs de l'endettement exagéré et insensé. Dans la suite, on s'est moins

(1) AVRAMOVITCH : *O. c.*, p. 32, 33.

servi des motifs économiques et davantage des sentiments de sympathie à l'égard des agriculteurs. On est allé si loin dans l'incompréhension de la situation économique de la Serbie, que le rapporteur osait prétendre que la loi aurait pour conséquence immédiate le relèvement du commerce et de l'industrie, parce que les capitalistes ne manqueraient pas de retirer leurs capitaux des campagnes. On oubliait volontairement que le progrès des campagnes était la base même de la prospérité du pays et que la campagne ne peut pas se relever sans l'aide du capital.

Par contre, l'opinion de la minorité, fondée sur les principes de l'économie individualiste, était exposée avec plus de connaissances techniques. On soutenait couramment que l'usure était la conséquence de la pauvreté, et que la véritable cause de cette même pauvreté était la production insuffisante et les dépenses exagérées occasionnées par les jours fériés et les fêtes des paysans. Par suite de cette loi, les capitaux allaient déserter les campagnes et laisser libre champ à l'usure ; la situation deviendrait intolérable à un moment donné, car les conditions d'emprunt s'aggravent d'autant plus que le créancier s'expose à plus de risques.

Cependant l'alarme soulevée contre l'usure était arrivée au point culminant. Il était donc indispensable de prendre certaines mesures pour la protection des agriculteurs, et la majorité gouvernementale vota ladite loi qui est en vigueur encore aujourd'hui sur tout le territoire de l'ancien royaume de Serbie.

Nous croyons qu'il n'est pas sans intérêt d'exposer ici même, en quelques lignes, les résultats obtenus par l'institution du bien de famille, ainsi que la disposition actuelle des milieux compétents à l'égard de l'application postérieure de la loi. Le but de cette loi sur l'institution du bien de famille était « d'assurer à l'agriculteur le minimum de terre nécessaire à sa subsistance et d'empêcher en même temps le développement d'un prolétariat agricole et de grandes propriétés foncières, afin de conserver dans le pays, composé presque exclusivement d'agriculteurs, l'indépendance économique des petits propriétaires, pour accroître le bien-être et la force morale de la nation dans les luttes futures pour la libération et l'union du peuple entier » (1). Si nous examinons le démembrement des propriétés foncières en Serbie, nous trouvons qu'en somme ce but est atteint. Les plus nombreux sont les petits propriétaires de 1 à 5 hectares, tandis que les grandes propriétés sont inexistantes à peu près. Aujourd'hui, après un demi-siècle d'expérience, on ne peut pas contester que la loi sur l'institution du bien de famille a réussi à empêcher la formation de grandes propriétés et à conserver la petite propriété paysanne. Par là, la force naturelle de résistance a été conservée, ainsi que cette puissance d'endurance que le paysan serbe a montrée en toute sa splendeur dans les guerres soutenues pour l'indépendance nationale.

Le paysan, étant propriétaire, sentait, bien que pauvre, qu'il combattait pour son Etat et son bien-être. Menant une vie simple et frugale, il supportait plus facilement les fardeaux de la conscription et faisait la plupart des guerres à ses propres frais. Si donc il est vrai que la Serbie, à une époque relativement rapprochée, a eu besoin d'avoir une bonne armée composée de soldats qui combattaient pour leur terre, nous sommes portés à dire que la loi sur l'institution du bien de famille a donné de très bons résultats.

Cependant, au point de vue purement économique, l'action de cette loi était indubitablement négative. A côté d'autres dispositions antérieures déjà citées, l'institution du bien de famille a porté un rude coup à la capacité de crédit de l'agriculteur. Elle l'a dirigé vers le crédit usurier et l'a immobilisé dans une culture extensive de la terre. Elle était incontestable-

(1) Petrovitch : *L'exode rural vers les villes et la prolétarisation*, p. 74.

ment une entrave au crédit productif ; en trompant les attentes, elle favorisait largement les emprunts usuriers, même à l'époque où de nombreuses conditions économiques étaient propices à un autre crédit. C'est la raison pour laquelle le paysan, en Serbie, produit peu et vit assez pauvrement.

Il est clair, en raison des circonstances actuelles et de l'extension récente de l'Etat, que la loi mentionnée sur le bien de famille a perdu sa raison d'être, comme le prouvent fortement les protestations qu'a causées dans les nouvelles régions le projet d'étendre à ces provinces la loi du bien de famille. L'agriculture de ces régions est plus avancée et perfectionnée que celle de l'ancienne Serbie. On croyait qu'avec l'institution du bien de famille, on anéantirait la capacité de crédit du petit agriculteur et par là les bases des coopératives de crédit agricole. Grâce aux raisons politiques de partis, le projet sur l'extension de l'institution du bien de famille était décidé par le vote de l'article 43 de la loi sur les douzièmes du budget de l'année 1923 (juillet-septembre). En vertu de cet article, le Conseil des ministres aurait eu le droit d'appliquer, sur une partie ou la totalité du territoire du royaume, partiellement ou totalement, les dispositions de l'alinéa 4 de l'article 471 du Code de Procédure civile. Cependant, ce pouvoir accordé est resté lettre morte et inutilisé jusqu'à ce jour, car toutes les institutions économiques, et spécialement les organisations coopératives des nouvelles régions, se sont déclarées contre.

Enfin, pour compléter l'exposé de l'institution du bien de famille insaisissable, nous mentionnerons aussi la loi du 17 mai 1928 sur les « conditions du fermage aboli et les propriétés des beys », loi dont la validité s'étend sur le territoire de Bosnie et Herzégovine. Elle a pour but de préserver les terres acquises des familles paysannes en vertu des dispositions de la réforme agraire, du démembrement et de l'aliénation. Le droit de propriété est reconnu selon le nombre des membres dans la famille. Si le bien foncier appartient à une seule famille (peu de membres), le droit de propriété sera inscrit au nom du père. Si, au contraire, plusieurs familles (communauté) habitent cette propriété foncière, les membres de la ligne masculine sont favorisés au détriment de ceux de la ligne féminine. Les filles n'ont droit qu'au tiers seulement de la part de la ligne masculine. Si elles ont des frères ou des descendants masculins des frères décédés, elles n'ont aucun droit (droit de propriété au 1/3 ci-dessus cité), mais, par contre, elles conservent le droit de jouissance jusqu'au mariage.

A part ces prescriptions, ayant pour but d'empêcher le démembrement des biens de famille, la loi mentionnée décide qu'un certain minimum des biens de famille ne pourra être ni aliéné pour acquitter une dette, ni donné à titre gratuit. Ce minimum du bien inaliénable est déterminé par le nombre des membres de la famille qui sont inscrits comme propriétaires ou co-propriétaires de biens fonciers. Défalcation faite de la maison d'habitation et de ses dépendances, « la superficie de la terre est évaluée pour chaque membre de famille, en Bosnie et en Herzégovine, dans les régions de Gacko et de Nevesinje, à dix ares, qui doivent contenir au moins six ares de terre labourable, tandis que dans les autres parties d'Herzégovine elle n'est portée qu'à trois ares et uniquement de terre labourable » (art. 28). La loi prescrit de même que cette superficie ne pourra être ni donnée à titre gratuit, ni aliénée sous quelque forme que ce soit. L'aliénation est autorisée seulement au cas où la famille a changé de domicile et a assuré son existence dans un autre lieu, ou encore en cas d'extrême nécessité. Pour cette aliénation, l'autorisation du pouvoir administratif est nécessaire. La superficie minimum ne peut être hypothéquée qu'auprès des institutions que l'Etat a organisées aux fins du crédit agricole (des établissements financiers privés ayant le droit d'émettre hypothécairement des titres sur gages), ainsi qu'auprès des coopératives rurales et professionnelles. Dans ce cas aussi, l'autorisation du pouvoir administratif est nécessaire.

Ce pouvoir doit examiner si l'emprunt est bien conclu dans des desseins productifs.

Il appert de ces prescriptions que le législateur a choisi le milieu entre le système coopératif et le système individuel, en prenant l'unité de la famille comme base de son système. Le devoir de la famille est de conserver la terre intacte de tout démembrement et d'aliénation. Une intervention aussi fortement marquée du pouvoir public dans les rapports économiques s'explique par ce fait que la transition de l'état de fermage à la propriété est très dangereuse pour les régions économiquement et cultuellement arriérées. C'est à la suite de documents recueillis en Bosnie et Herzégovine que l'on a constaté que le paysan a commencé à s'endetter et qu'il pourrait, sans l'institution du bien de famille insaisissable, perdre facilement la terre acquise par les dispositions de la réforme agraire. Il était donc indispensable d'instituer l'état transitoire légal, afin de protéger le paysan du crédit usurier et de le diriger vers les organisations destinées à répondre à ses besoins. Pour ces motifs, la loi sus-mentionnée a été adoptée par tous les partis, ce qui prouve le mieux que tel était le désir des agriculteurs intéressés.

Il est intéressant de constater en cette circonstance la grande différence existant dans le développement économique de certaines régions yougoslaves. Tandis que dans quelques régions économiquement arriérées on réclame de toutes forces une intervention de l'Etat (réforme agraire, institution du bien de famille insaisissable, règlement de dettes des paysans, etc.), par contre les autres régions plus avancées, auxquelles conviennent mieux les principes de l'économie libre, désirent ardemment que l'ingérence du pouvoir public soit réduite au minimum. Ceci contribue assurément à prouver l'impossibilité d'une unification de certaines lois qui aboutirait inévitablement à la majoration de certaines régions, et ainsi contrecarrerait le développement normal de l'économie nationale.

En terminant cet exposé sur l'institution du bien de famille insaisissable, qui nous a parfois éloigné du sujet principal, nous allons reprendre l'étude des circonstances économiques et du crédit de la Serbie à la fin du XIXe siècle. Nous avons dit précédemment que la seconde moitié du siècle passé a été très pénible pour l'agriculteur européen. Matériellement inculte et par surcroît désuni, l'agriculteur a commencé à se retirer devant la concurrence des grands propriétaires. On a cru d'abord que l'évolution qui s'accomplissait à cette époque dans l'industrie au détriment des artisans, allait toucher l'agriculteur aussi et que, par suite, l'agriculteur indépendant ne serait plus en mesure de supporter la concurrence des grands propriétaires. De ce conflit d'intérêts économiques extrêmement aigu découle le mouvement coopératif purement défensif. Ainsi sont nées les coopératives prussiennes qui, au début, avaient pour but unique de protéger les agriculteurs du crédit usurier.

La première coopérative agricole en Serbie fut fondée en l'année 1894. A cette époque, l'économie serbe oriente sa production vers les marchés et par conséquent la transformation de l'économie agricole s'impose. Le pourcentage d'agriculteurs commence à diminuer peu à peu par rapport aux consommateurs de produits agricoles. La consommation augmentée accentue les apparences du progrès dans l'agriculture, mais à ce moment le crédit agricole n'existait sous aucune forme, abstraction faite du crédit usurier. Malgré tous ces inconvénients la transition de l'économie naturelle en économie monétaire a notablement progressé, ce qui résulte clairement du tableau ci-dessous du mouvement d'importation et d'exportation :

| Année | Exportation | Importation | Budget : millions de dinars |
|---|---|---|---|
| 1865 ..... | 17,9 | 19,1 | 11,5 |
| 1870 ..... | 30,6 | 27,9 | 13,9 |
| 1875 ..... | 35,0 | 31,2 | 14,7 |
| 1880 ..... | 35,2 | 46,0 | 26,9 |
| 1885 ..... | 37,6 | 40,4 | 46,0 |
| 1890 ..... | 45,8 | 38,0 | 46,2 |
| 1895 ..... | 43,4 | 40,9 | 63,4 |

Ces chiffres démontrent d'une façon incontestable la transformation qui s'opérait dans la vie économique du pays, dont la principale et l'unique activité consistait en agriculture. La pénurie des capitaux se faisait fortement sentir, la petite quantité des capitaux disponibles était absorbée par les villes, qui commençaient à se développer par suite de l'extension du commerce et de l'augmentation de l'appareil étatique. L'Etat, découragé en raison d'insuccès antérieurs et démuni de grands moyens financiers, laissait le sort des agriculteurs à l'initiative privée.

***

Grâce à l'initiative et à l'activité personnelle de M. Avramovitch, l'excellent connaisseur des questions agraires et des principes coopératifs, la formation des premières coopératives commence vers la fin du XIXe siècle. Le mouvement est né à la suite des nécessités économiques, ayant pour but de rendre les petits propriétaires capables d'une production plus intense et de les aider en unissant leurs efforts individuels. Comme sévissait à cette époque une forte pénurie monétaire et que l'usure régnait en maîtresse, on a commencé par la création des coopératives de crédit. Ces coopératives étaient instituées exclusivement sur les principes des coopératives Raiffeisen, tandis que les autres coopératives créées plus tard adoptaient les principes qui répondaient le mieux à leur champ d'action. Le milieu où il a fallu propager l'idée coopérative était peu favorable à cause du pourcentage fort élevé d'illettrés et du niveau assez bas d'instruction des agriculteurs. Les difficultés provenaient aussi de la crainte de la responsabilité solidaire illimitée et de la méfiance que l'agriculteur ressent, par nature, à l'égard des organisations nouvelles. Grâce au sacrifice énorme des fondateurs et des premiers pionniers, les obstacles ont été progressivement aplanis et les chiffres ci-dessous nous montreront le mouvement du développement coopératif :

| Année | Nombre des coopératives |
|---|---|
| — | — |
| 1895 | 13 |
| 1900 | 219 |
| 1905 | 508 |
| 1910 | 699 |
| 1922 | 1.538 |

A la fin de 1911, 950 coopératives étaient fondées, dont 646 coopératives de crédit. A l'instar des coopératives de crédit prussiennes, du type Raiffeisen, ces coopératives s'occupaient aussi d'autres affaires, le plus souvent de l'achat d'instruments agricoles nécessaires et de la vente des produits agricoles de ses membres. Il est intéressant de mentionner qu'une enquête, datant de 1908, a constaté que les coopératives se développaient plus rapidement dans les circonscriptions où le crédit usurier avait pris de l'extension.

Le premier congrès des nouvelles coopératives fut tenu en 1895 à Smederevo (Serbie du Nord), et à ce moment fut constituée *la Fédération des coopératives agricoles de Serbie.* Elle avait pour but de travailler à la fondation de coopératives nouvelles et de procurer les moyens matériels nécessaires à ses membres. Depuis ce moment les affaires commençaient à se développer plus rapidement, de sorte que l'Etat était obligé d'aider la coopération nouvelle. Le premier pas en ce sens fut une modeste subvention accordée par l'Etat en 1897, qui permit à la Fédération d'entretenir un « fonctionnaire ambulant », avec mission de voyager et de donner les instructions nécessaires au fonctionnement des coopératives. La même année, lors de la discussion de la loi sur la Loterie Nationale, fut acceptée une proposition, d'après laquelle un quart des bénéfices nets de la Loterie sera affecté à la constitution d'un fonds agricole. Lorsque ce fonds atteindra la somme de deux millions de dinars, on le remettra à la Fédération pour stimuler l'activité des sociétés coopératives.

Peu de temps après, l'Etat devait satisfaire les demandes

venant de tout le pays et régulariser par une loi le régime juridique et fiscal des coopératives. Les premières coopératives furent fondées d'un commun accord entre les coopérateurs. Cette méthode ne suffisait pas pour régulariser et prévoir tous les rapports tendant à la création des coopératives, et elle avait, en outre, ce défaut de priver les coopératives de leur base juridique commune. Dans ces circonstances fut votée la loi du 3 décembre 1898, qui institua un régime juridique spécial aux sociétés coopératives. La loi dispose que chaque société doit avoir son statut, qui obligatoirement doit contenir les principales prescriptions sur l'organisation et le fonctionnement de la société. Par l'inscription sur le registre coopératif, la société acquiert la qualité de personne morale et la capacité de posséder un patrimoine. Les sociétés peuvent accepter la responsabilité illimitée, mais en tout cas cette responsabilité ne peut être étendue sur le bien de famille insaisissable (art. 471, al. 4, du Code de Procédure Civile). Plus tard, on fit remarquer dans les rangs des coopérateurs que cette prescription gênait grandement l'action des coopératives en diminuant la capacité de crédit de leurs membres. Au demeurant, la pratique a démontré que cette loi était bonne et qu'elle a posé une base solide sur laquelle se sont développées désormais les coopératives.

Toutes les coopératives avaient interrompu leur fonctionnement pendant la guerre, quand la Serbie était occupée et dévastée. La Fédération a particulièrement subi de grosses pertes matérielles en marchandises qu'elle avait emmagasinées au début de la guerre. Après la guerre la Fédération se réorganisa et le dommage causé fut réparé, ce qui permit à la Fédération de commencer plus activement son travail dès 1923. La même année fut accomplie l'union de toutes les coopératives serbes (Serbie, Croatie, Dalmatie) et fondée la *Fédération Générale des Sociétés Coopératives Serbes*, dont le siège central est à Belgrade. La nouvelle organisation a réuni plus de 2.000 coopératives. Tout dernièrement un conflit se produisit au sein de la

Fédération et l'excellente concorde qui y régna, fut pour longtemps discréditée à la grande stupéfaction des amis de la coopération. Quatre Unions indépendantes des coopératives serbes existent actuellement. A part ces difficultés qu'éprouva l'Union après la guerre, si nous considérons le rôle que la coopération a joué et joue encore en Serbie, nous pouvons constater des résultats remarquables. Ce qu'il importe surtout de retenir, c'est que le crédit agricole s'est organisé par l'action de modestes associations et que l'Etat n'est intervenu que pour encourager et stimuler leur activité. Après la guerre l'action coopérative se développa davantage, mais l'appui accordé par l'Etat était insuffisant ; c'est ce qui ressort de l'opinion de M. Avramovitch, qui a écrit à ce propos : « Après trente ans de travail coopératif dans notre pays, nous pouvons faire cette constatation qui démontre irréfutablement que notre coopération s'est développée, grâce aux efforts personnels de nos paysans. Pendant que l'aide totale de l'Etat (sous forme des prêts sans intérêt) est restée encore aujourd'hui à 2.700.000 dinars, telle qu'elle a été prévue à l'époque où il n'y avait que 32 coopératives agricoles dans toute la Serbie, à eux seuls, les agriculteurs ont réuni par leurs coopératives plus de 70 millions de dinars, et la Fédération elle-même a rassemblé indépendamment de toutes les coopératives plus de 25 millions de dinars » (1).

## Section II

### LES INSTITUTIONS DU CRÉDIT AGRICOLE DANS LES AUTRES PROVINCES YOUGOSLAVES

A) *Croatie, Slavonie et Voïvodine.* — Avant la guerre, quatre mouvements coopératifs indépendants existaient sur ces territoires. Le trait commun de ces mouvements était de servir

(1) Avramovitch : *Le coopérateur*, p. 37.

divers buts politiques tout en développant l'action économique. Cette constatation faite, nous ne ferons pas un exposé trop étendu, qui nous mènerait trop loin, et dont l'utilité serait insignifiante en ce qui concerne le problème du crédit agricole tel qu'il se pose actuellement en Yougoslavie. Il nous suffira donc de marquer quelques moments les plus importants de la formation et du fonctionnement de ces organisations.

*a*) Les Serbes de Croatie et de Slavonie, surtout ceux de Voïvodine, par suite de l'établissement sur leur territoire en grand nombre d'Allemands, de Hongrois et de Slovaques, sentaient qu'ils formaient une minorité menacée au point de vue politique et national. Devant une telle situation, ils durent mobiliser toutes leurs forces unies pour résister à l'influence étrangère et galvaniser l'idée nationale. Inévitablement, toute l'action devait tenir compte de ces circonstances politiques, et, pour son propre succès, elle dut se mettre au service des idées politiques. Donc, il faut bien comprendre que l'idéal politique ou national des Serbes, dans ces contrées, n'a pas été seulement la cause, mais aussi la base de l'expansion ultérieure du mouvement coopératif.

La première coopérative fut fondée en 1897 à Kamenica (Srem), et en 1898 fut constituée la *Fédération des Coopératives agricoles serbes*. Ces coopératives ont fonctionné avec plus ou moins de succès en vue de sauver les agriculteurs de l'emprise des usuriers et de leur apprendre à pratiquer l'épargne et une meilleure culture de la terre. Une attention toute spéciale a été prêtée à l'éducation morale des membres. Il est compréhensible que les pouvoirs publics gênaient tout le travail des coopératives serbes, au point qu'au début de l'année 1914 leur action fut totalement défendue. Après la guerre, il y avait 426 coopératives, qui, en 1923, fusionnèrent avec la Fédération des Coopératives agricoles serbes, dont le siège est à Belgrade. Leur action perd de l'élan qui les animait jusqu'alors, « car les Serbes de Croatie et de Slavonie se trouvèrent tout d'un coup dans leur Etat national indépendant et, en outre, la mentalité de nos paysans est telle qu'ils arrivaient à cette conclusion que dorénavant les coopératives n'étaient plus aussi nécessaires que dans le passé ».

*b*) D'une façon analogue au mouvement serbe se forment les coopératives agricoles croates. Mêmes principes coopératifs : caisses de crédit du système Raiffeisen avec la responsabilité illimitée ; mêmes motifs aussi, non pas économiques, mais plutôt politiques. La crainte des Hongrois et de l'expansion des associations des prêts sous la protection de l'Etat a eu pour effet de réaliser, sous la forme des coopératives agricoles, le groupement des paysans croates, en vue d'une propagande nationale plus efficace. Ce mouvement, par la force des choses, a eu un caractère religieux, catholique comme les « caisses Durand » en France. La première coopérative fut fondée en 1898 à Konianica et peu après l'*Union centrale des Coopératives croates*. Ces coopératives s'occupent exclusivement de l'épargne et du consentement de crédits, et, eu égard à leur faible développement, ont obtenu jusqu'ici des résultats assez satisfaisants. D'après la statistique de 1927, elles étaient au nombre de 310.

*c*) Bien avant l'apparition des mouvements proprement coopératifs fut fondée, en 1841, à Zagreb, la *Société Economique*, qui se rapprochait de la coopération par la nature de ses opérations. La différence consistait en ce que la coopérative ne représentait que les intérêts de ses membres, tandis que la Société Economique avait pour but le relèvement du niveau économique de tous les agriculteurs. C'est en 1907 à peine que la Société Economique fut organisée sur la base coopérative, en faisant principalement l'achat d'instruments agricoles et la vente des produits de ses membres. Les sociétés agricoles ne faisaient pas les opérations de crédit, elles pratiquaient le système de la responsabilité limitée. Le but était d'organiser le plus grand nombre d'agriculteurs, car, dans les affaires d'achat, le nombre et la qualité sont très importants. En outre, ces sociétés instruisaient les agriculteurs, en leur enseignant les méthodes de la culture intensive moderne. D'après les dernières statistiques, il y avait approximativement 500 sociétés. Il faut noter qu'ici le caractère politique était bien moins marqué que dans les autres mouvements de même catégorie. La Société Economique a rallié les Serbes et les Croates, et ne s'est départie à aucun moment de la politique d'unité nationale yougoslave.

*d*) A la différence des autres mouvements coopératifs à la tête desquels étaient placés les hommes du peuple, le quatrième mouvement est né de l'initiative des pouvoirs publics. Il s'agissait des *associations de prêts aux agriculteurs et aux artisans*, instituées par la loi de 1898. Ces associations accordaient uniquement des crédits. Les conditions de leur fonctionnement étaient très favorables, car le gouvernement a cherché à faire reculer, à l'aide des coopératives favorisées par l'Etat, la coopération nationale. Ces associations étaient réunies sous la direction d'une *Société centrale des associations des prêts*, dont le siège était à Budapest. Par l'intermédiaire de cette institution centrale, l'Etat accordait de gros moyens financiers sans intérêt ou avec un taux d'intérêt minimum et les associations étaient exemptes d'impôts, de taxes et de frais postaux. Le crédit était consenti à un intérêt très bas, et les recouvrements étaient effectués sans dureté. Les sociétés ont été instituées sur le principe de la responsabilité limitée et contrôlées par les pouvoirs publics. La formation de ces sociétés a rapidement progressé par suite de la pression des fonctionnaires publics et du consentement des prêts sans aucune formalité. Il s'agissait d'enlever le plus grand nombre possible d'agriculteurs au mouvement coopératif croate et de les amener sous la dépendance financière de l'étranger. Pour ces raisons, ces sociétés ne tenaient aucun compte de la valeur morale des membres, ne s'occupaient pas d'épargne et n'examinaient pas non plus le but du prêt à censentir. Elles n'observaient pas strictement les principes coopératifs et n'étaient en somme que les succursales de la centrale de Budapest, qui avait pour devoir de répartir l'argent public dans des buts politiques. La centrale de Budapest avait deux agences (Zagreb et Ossek) qui intervenaient et entretenaient une liaison avec les associations locales.

Lors de l'union des diverses provinces yougoslaves, en 1918, le lien a été rompu entre les associations des prêts et la Centrale de Budapest. En 1922 fut créé, à Belgrade, un *Etablissement central des prêts* qui avait pour mission de réunir les associations restées en territoire yougoslave et de procéder à la liquidation de leurs rapports avec la Centrale. D'après les renseignements de cet établissement, il y avait, sur notre territoire, après la libération nationale, 446 associations avec 110.500 membres et 241.800 parts souscrites par 12.000.000 couronnes or. Ces associations réclament de la Société centrale de Budapest encore 8.700.00 dinars (1).

B) *Bosnie et Herzégovine.* — Sous l'occupation de l'Autriche-Hongrie, en 1886-1895, on a créé, en Bosnie et Herzégovine, des institutions de crédit connues sous le nom des *fonds d'arrondissements* de prêts agricoles. Leur capital initial était formé par l'argent obtenu à l'aide du monnayage des greniers communaux qui existaient au temps de la domination turque. En vertu de ce capital, chaque fonds d'arrondissement obtenait le crédit quintuple de la banque autrichienne d'Etat. Ce crédit accordé était cautionné solidairement par tous les agriculteurs du même arrondissement.

Les agriculteurs obtenaient deux sortes de prêts auprès de ces institutions : pour les affaires courantes, contre un intérêt de 5 % avec obligation de remboursement dans un délai de

(1) Stoïkovitch : *Le crédit agricole en France et l'organisation du crédit agricole dans notre pays*, p. 91-95.

8 mois au plus tard ; et pour les petites améliorations, 1 % plus cher que payaient les fonds d'arrondissement eux-mêmes ; le délai de remboursement était de 3 ans. Le sous-préfet expédiait les affaires ; il était secondé par un comité de 25 à 35 agriculteurs, élus dans leurs arrondissements respectifs. L'influence des pouvoirs publics était énorme, car les crédits étaient accordés en séance du comité et sous la présidence du chef du pouvoir administratif. Le consentement comme le remboursement s'effectuaient par l'intermédiaire des pouvoirs politiques et administratifs. Le contrôle suprême était exercé par le gouvernement provincial à Sarajevo. Après 1918, l'action des fonds consistait en général à recouvrer les dettes anciennes et de nouveaux crédits ne pouvaient être accordés par suite de la pénurie des capitaux.

En ce qui concerne le mouvement coopératif, il a fait son apparition assez tard dans ces régions et n'a pas eu de succès tant pour des raisons politiques qu'économiques. Pour des raisons politiques : le mouvement a faiblement progressé par suite d'une forte pression de l'administration publique ; pour des raisons économiques : la plupart des agriculteurs étaient des métayers et n'avaient aucun intérêt à une meilleure culture de la terre. N'ayant aucune possibilité de progrès économique, les agriculteurs, tout naturellement, s'intéressaient peu à la coopération. D'autre part, le pays était encore arriéré, si bien que les coopératives, par suite du gros pourcentage d'illettrés, ne savaient sur qui s'appuyer.

La première coopérative serbe de Bosnie fut fondée en 1907 et déjà, en 1911, il y avait 128 coopératives avec 4.100 membres ; c'est l'époque où fut constituée l'*Union des sociétés coopératives serbes* avec son siège à Sarajevo. Toutes les coopératives étaient des coopératives de crédit, du type Raiffeisen, et ce ne fut qu'en 1912 qu'elles commencèrent à fonctionner activement quand fut fondée la Banque Centrale Serbe qui avait mis à leur disposition des moyens financiers plus importants. D'après la statistique de 1927, il y avait 138 coopératives organisées faisant partie de l'Union.

Les coopératives croates de Bosnie commencent à se former en 1909. Avant la guerre, il y avait à peu près 60 coopératives et déjà, en 1919, s'organisaient les caisses coopératives croates en Bosnie et Herzégovine. Dans ces régions, les coopératives jouaient simultanément un rôle politique en s'opposant à la pression de l'administration étrangère. Après la guerre, plus encore que dans aucune autre province, les conditions étaient changées au profit de la coopération. La libération politique a été suivie de l'indépendance économique ; plus de cent mille familles ont obtenu la propriété de la terre qu'elles cultivaient. L'essor économique dépend en premier lieu de l'organisation du crédit agricole, et pendant les dix dernières années les résultats de l'action sur l'organisation du crédit ont été presque nuls.

C) *Slovénie.* — Par sa position géographique, la Slovénie est située au nord-ouest et représente un tout économique. Leur résistance nationale a entraîné les Slovènes dans une lutte de longue haleine et par surcroît inégale contre les Germains qui étaient particulièrement dangereux à cause de leur culture supérieure et de leur action systématique d'assimilation. Les Slovènes sont sortis de cette lutte comme un peuple qui a intégralement conservé la conscience nationale, qui a sauvegardé sa langue et développé sa culture, son art et sa littérature. Dans l'Etat yougoslave actuel, la Slovénie représente une province prospère, avec le plus faible pourcentage d'illettrés et avec l'organisation économique la plus perfectionnée.

La Slovénie s'étend sur une surface de 16.197 kilomètres carrés dont 677.686 hectares sont couverts de forêts. De ce total, 86 % appartiennent à des petits propriétaires, de sorte que chaque famille peut contenter par sa propre forêt les besoins de son économie. Par sa structure économique, le pays est agricole, mais il est compris dans les provinces déficitaires, car la production agricole ne peut satisfaire les besoins alimentaires de la population. Le système de la polyculture est pratiqué et dans une petite ferme on peut trouver une économie des céréales, des légumes, des fruits et du bétail. L'industrie y est très développée et absorbe le prolétariat des campagnes qui n'arrive pas à vivre des produits de sa terre. Par les beautés naturelles, la Slovénie est nommée à juste titre la « Suisse yougoslave », et le grand nombre de touristes étrangers est considéré comme un facteur important dans la balance économique. La capacité organisatrice, l'économie et l'assiduité sont les facultés capitales des Slovènes. Ces qualités se marquent principalement dans l'activité économique, et aussi dans la coopération qui nous intéresse ici particulièrement, et qui, par ses succès, se distingue de la coopération dans les autres provinces.

Les origines de la coopération agricole en Slovénie remontent à 1881, quand fut fondée à Celjé la première caisse de crédit agricole. En 1883, le nombre des coopératives s'étant accru, on put organiser l'Union des caisses d'épargne slovènes. La plupart de ces caisses représentaient les coopératives de type mixte, dont les principes étaient adaptés aux besoins de la population et aux nécessités locales. Leur capital était constitué par deux sortes de parts : les parts principales qui donnaient le droit de vote, et les parts d'affaires ne comportant pas ce droit. De cette façon, la direction des caisses était toujours conservée entre les mains des nationaux, et les parts d'affaires circulaient librement, sans crainte que l'achat de celles-ci par les Allemands pût avoir des répercussions sur la direction. Le fondateur de ces premières caisses fut un grand patriote slovène, Michel Vosnjak, qui se proposait d'organiser l'économie nationale dans la lutte contre les finances allemandes.

Grâce à ces premières institutions de crédit, qui, par le consentement du crédit à bon marché, ont facilité le progrès et l'indépendance économique des petits agriculteurs, on a commencé, vers la fin du XIX^e siècle, à fonder d'autres types de coopératives agricoles. Ces coopératives avaient moins le caractère politique, et plus le caractère social-économique. Elles se sont développées, grâce à l'activité et au sacrifice du docteur Janes Krek qui a été dénommé précisément l' « apôtre de la coopération slovène ». L'apparition de ces coopératives a provoqué la réorganisation de l'Union fondée en 1883, de sorte qu'en 1905 fut fondée la Fédération des Coopératives à Celje. Bref, cette Fédération a déployé une très grande activité, ce qui ressort des résultats de 1906, à l'époque où les membres faisaient pour 237 millions de couronnes d'affaires, tandis que les réserves s'élevaient à 3.700.000 et que le bénéfice net était de 508.000 couronnes. Sur 200 coopératives qui étaient organisées dans la Fédération en 1907, il y avait 80 coopératives de crédit qui se transformaient graduellement en coopératives Raiffeisen. L'essor des coopératives, qui s'est fait en Slovénie à la fin du XIX^e siècle, a amené en 1900 la fondation d'une autre fédération du nom de *Fédération Economique*, avec son siège à Ljubljana. Jusqu'en 1904, cette fédération ralliait des coopératives de différents types, en s'occupant, en outre, de toutes autres affaires coopératives. La spécialisation a été effectuée en 1904, après la fondation de la Fédération Coopérative comme organe de révision et centrale monétaire ; la Fédération Economique avait entrepris exclusivement les affaires d'achat et de vente des marchandises. De cette façon, la Fédération Coopérative avait pu fortifier son action en vue d'accumuler des capitaux et de régulariser en même temps par le consentement du crédit les affaires de la Fédération Economique selon les besoins des coopératives pour l'achat des marchandises. La Fédération a transporté son activité aussi sur les autres provinces d'Autriche, peuplées par des Yougoslaves, et en 1913 elle a uni 682 coopératives. Il faut dire aussi que les nouvelles frontières du pays ont brisé l'unité des coopératives slovènes, car certaines contrées, habitées par des Slovènes (Istrie, Gorica), sont incorporées à l'Italie en vertu des traités. Le traité de Rappallo a donné à un Etat étranger 230 coopératives slovènes. A la fin de 1921, la Fédération coopérative à Ljubljana avait 481 coopératives, dont 262 coopératives de crédit.

Malgré ces succès imposants, la coopération slovène n'est pas restée inactive dans les luttes politiques intérieures. La coopération est très propice à la propagande politique ; c'est pourquoi il est fort compréhensible, l'effort que font les partis politiques pour se signaler à la faveur des institutions coopératives et pour donner à leur programme un appui efficace. Ainsi, en 1907 fut fondée la Fédération des sociétés coopératives slovènes, avec son siège à Ljubljana. Cette Fédération a réuni les éléments libéraux qui combattent les organisations politiques catholiques, et, à la fin de 1921, elle comptait 70 sociétés, 20 millions de parts et 113 millions de couronnes d'affaires. Le parti catholique, qui avait, après la guerre, une grosse majorité en Slovénie, a commencé peu à peu à perdre du terrain au profit des partis libéraux, ce qui peut être dû à l'activité déployée par des éléments libéraux dans les organisations économiques. Assurément, l'ingérence de la politique dans la coopération n'est pas recommandable, mais dans des cas exceptionnels on enregistre cependant de bons résultats, car le fait de concurrence survient. Les résultats obtenus par la coopération slovène démontrent que, à la suite de l'ingérence de la politique dans les institutions coopératives, le dommage était bien moindre que l'on ne s'y attendait (1).

(1) *L'Europe Nouvelle*, n° 3, 1923.

CHAPITRE III

# La coopération yougoslave après la guerre

Les nombreuses associations coopératives, qui existaient dans les diverses provinces yougoslaves avec un but politique prononcé, se sont trouvées, en 1918, dans les frontières d'un même Etat. Avec les nouvelles circonstances s'est fait sentir la nécessité de réorganiser les associations existantes et de créer une institution centrale qui aurait eu pour mission de diriger tout le mouvement coopératif. Dans la mesure où elle a persisté dans certains groupements, l'action politique de ces groupements s'est confondue avec la politique des partis yougoslaves. Mais la question nationale a trouvé sa solution dans la création d'un Etat national. Le premier pas vers la concentration des coopératives yougoslaves a été effectué en 1919, lors de la création d'une *Fédération générale des coopératives*, à laquelle ont adhéré, en passant par les fédérations régionales, le plus grand nombre de coopératives serbes, croates et slovènes.

La nouvelle Fédération avait pour but : d'étudier et de proposer toutes les mesures susceptibles de favoriser le développement de l'agriculture ; d'aider et de contrôler le travail des coopératives régionales ; de faire de la propagande et de donner l'initiative pour la création des institutions utiles à la coopération ; enfin de rassembler et publier les renseignements statistiques touchant le mouvement coopératif yougoslave. Comme la majeure partie des coopératives yougoslaves étaient du type des coopératives de crédit, la Fédération a participé activement à la discussion de ce problème ; elle a même fait des propositions quant à l'organisation du crédit agricole par les coopératives existantes. La Fédération a mis aussi à l'ordre du jour l'unification des lois relatives à la coopération. C'est un fait connu qu'il a existé sur le territoire yougoslave cinq lois différentes pour régulariser avec plus ou moins de précision la situation juridique des coopératives. La loi la plus satisfaisante était celle du royaume de Serbie, ce qui est compréhensible si l'on songe que les gouvernants étrangers, dans les autres provinces, ont privé la coopération de tous les privilèges, afin d'empêcher son développement. Grâce à l'intervention de la Fédération, l'unification fut effectuée en 1922 pour les privilèges d'impôts et de timbre, et en 1925 pour les privilèges relatifs à la poste. Cependant, il est démontré que le contact entre la Fédération et ses membres est surtout formel et que dans l'activité économique des coopératives aucune concentration n'a été établie. Non seulement il est impossible de procéder à l'achat et à la vente en commun, mais il n'a pas encore été procédé à l'organisation d'un crédit commun. Les conséquences nuisibles pour la coopération, qui proviennent d'une telle situation, se remarquent aisément dans la différence du taux d'intérêt, selon les provinces, pour les diverses opérations des coopératives. Plus de 100 millions du capital des coopératives, dans la Slovénie, servent aux besoins du commerce et de l'industrie, avec un taux de 8 à 10 %, pendant que les coopératives des autres provinces manquent de capitaux et n'obtiennent du crédit qu'à des taux variables : 12 % en Serbie, 14 % dans la Voïdovine, 15 % en Dalmatie, 17 % en Croatie et 20 % en Bosnie-Herzégovine (1). C'est la meilleure preuve que la coopération en Yougoslavie est loin d'être organisée de telle façon que les forces coopératives des diverses provinces s'aident mutuellement et se complètent.

(1) Baykitch : *Le crédit paysan*, 1928, p. 190.

D'après les renseignements statistiques de la Fédération générale des coopératives, il y a eu, à la fin de l'année 1927, 4.344 coopératives (actives) qui ont envoyé un rapport sur leur activité. Dans ce nombre, on compte 36 organisations fédératives et 4.308 locales. D'après leur force, les coopératives se divisent ainsi qu'il suit :

| | | | | |
|---|---|---|---|---|
| Coopératives de crédit | 2476 | ou | 56 % | du nombre total |
| Coopératives de consommation | 976 | — | 22 % | — |
| Communautés agraires comme coopérat. | 323 | — | 7,5 % | — |
| Laiteries et fromageries coopératives | 105 | — | 2,4 % | — |
| Coopératives diverses | 70 | — | 1,8 % | — |
| Coopératives de production des artisans et ouvriers | 60 | — | 1,5 % | — |
| Coopératives de bétail et de pâturages | 58 | — | 1,4 % | — |
| Coopératives de bâtiments et logements | 50 | — | 1,3 % | — |
| Usines électriques comme coopératives | 44 | — | 1,1 % | — |
| Coopératives pour pêche des poissons et éponges | 36 | — | 0,9 % | — |
| Coopératives sanitaires | 30 | — | 0,8 % | — |
| Coopératives vinicoles et semblables | 28 | — | 0,8 % | — |
| Huileries coopératives | 15 | — | 0,4 % | — |

Il ressort de cet aperçu que les coopératives de crédit prédominent sur les autres formes de la coopération. Elles sont le plus développées en Slovénie où elles s'occupent uniquement des opérations de crédit. Dans les autres provinces, les coopératives de crédit sont générales en ce sens qu'elles s'occupent de toutes les opérations pour le compte de leurs membres. De l'aperçu sur la situation et les opérations des diverses fédérations, les coopératives de crédit ont donné les résultats suivants pour l'année 1927 :

| | Les coopératives | | |
|---|---|---|---|
| | slovènes | croates | serbes |
| | — | — | — |
| Le crédit aux membres | 718.461.085 01 | 77.357.964 43 | 59.859.679 98 |
| Les cotisations des membres | 995.670.493 95 | 109.022.740 41 | 42.776.875 34 |
| Le crédit d'après le compte courant | 71.210.868 15 | 26.923.005 96 | 38.066.044 75 |
| Les cotisations d'après le compte courant | 151.271.384 13 | 351.030.229 59 | 25.313.518 56 |

Ces renseignements concernent 425 coopératives slovènes avec 133.495 membres, 479 coopératives croates avec 83.278 membres et 833 coopératives serbes avec 47.361 membres. D'après ces renseignements, il revient proportionnellement à chaque membre :

| | Les coopératives | | |
|---|---|---|---|
| | slovènes | croates | serbes |
| Le crédit aux membres.......... | 5.381 19 | 1.263 90 | 928 68 |
| Les cotisations des membres...... | 7.308 65 | 903 02 | 1.309 13 |
| Le crédit d'après le compte courant .......................... | 16.755 47 | 17.779 56 | 56.206 69 |
| Les cotisations d'après le compte courant ...................... | 355.932 66 | 73.340 77 | 11.818 55 |

Les coopératives slovènes donnent les meilleurs résultats d'après le nombre de membres, le capital versé et le crédit accordé. Il en est de même du taux de l'intérêt, ainsi qu'on peut s'en rendre compte d'après le tableau suivant :

| Le taux d'intérêt : | Slovènes | Croates | Serbes |
|---|---|---|---|
| 1° Pour le prêt............ | 8-9 % | 14-20 % | 12-20 % |
| 2° Pour l'argent versé...... | 5-8 % | 14-20 % | 7-12 % |

Le nombre de membres inscrits dans les fédérations est de 501.855 ; avec les coopératives qui ne font pas partie de la Fédération générale des coopératives, ce chiffre atteint 550.000 membres en chiffres ronds. En admettant que chaque membre représente une famille de quatre personnes, il ressort que la coopération en Yougoslavie compte 2.200.000 personnes, soit 17 % de la population totale du pays (1). En tenant compte de la difficile situation politique, qui a gaspillé de grandes forces, nous pouvons conclure que les résultats obtenus dans la coopération sont satisfaisants. Malgré tous ses défauts, la coopération est devenue, dans la vie économique yougoslave, un facteur important, dont on est obligé de tenir compte. Dans un pays

(1) *Economiste*, nos 11-12, 1929.

exclusivement agricole, qui comprend un grand nombre de petits propriétaires et dont l'agriculture est peu développée, la coopération peut seule fournir une base solide pour le développement normal de la vie économique. Dans le passé, c'est au sein des coopératives que s'organisa la majeure partie de la population yougoslave, qui parvint ainsi à opposer une solide résistance pour la conservation de ses droits. Dans la situation actuelle, où tous les efforts doivent être consacrés à la recherche des réalisations économiques et sociales, nous avons le droit de dire que l'avenir économique de la Yougoslavie repose sur le progrès de la coopération.

**Tableau du mouvement coopératif après la guerre.**

| FÉDÉRATIONS | SIÈGE | Nombre de coopératives | Trafic total dinars | Crédit accordé dinars | Part. des membres dinars | Fonds de réserve et autres dinars | Dépôts sur livrets et comptes-courants dinars |
|---|---|---|---|---|---|---|---|
| 1. Féd. centrale des Coopératives agr. serbes. | Belgrade | 1.977 | 704.682.685 06 | 18.859.274 45 | 2.210.119 » | 12.806.020 53 | 18.820.942 36 |
| 2. Féd. des Coopératives de consommation des fonctionnaires...... | — | 80 | 326.021.616 07 | 29.331.963 65 | 56.947.564 64 | 131.997 56 | » |
| 3. Féd. des Coopératives sanitaires.......... | — | 30 | » | » | 315.215 17 | 1.582.255 37 | 59.289 95 |
| 4. Féd. des Communautés agraires en Serbie méridionale..... | Skoplje | 129 | » | 68.255.856 89 | 163.649 » | 2.973.026 14 | 6.724 64 |
| 5. Féd. centrale des Coopératives paysannes croates............ | Zagreb | 310 | 433.062.238 58 | 4.164.958 64 | 435.975 » | 191.277 39 | 16.288.507 28 |
| 6. Féderation des Coopératives.............. | Zagreb Vel. | 54 | 114.816.998 40 | 8.890.624 07 | 76.400 » | 91.678 41 | 9.587.761 43 |
| 7. Féd. des Cooperatives agr. serbes du Banat | Betchkerek | 35 | 108.743.554 31 | 3.322.591 22 | 105.200 » | 284.470 78 | 8.274.620 18 |
| 8. Féd. des Coopératives agricoles de crédit.. | Novi Sad | 84 | 328.128.617 71 | 11.686.760 30 | 222.700 » | 13.040 » | 8.027.074 95 |
| 9. Féd. des Coop. paysannes serbes en Bosnie et Herzégovine.. | Sarajévo | 138 | 116.629.569 22 | 7.520.010 » | 329.800 » | 280.310 » | 2.767.357 63 |
| 10. Féd. des Coopératives pays. croates en Bosnie et Herzégovine. | Sarajévo | 94 | 25.030.418 46 | 3.547.243 25 | 57.650 » | 152.000 » | 1.016.604 78 |
| 11. Féd. des Coopératives | Split | 256 | 478.036.743 86 | 10.320.180 » | 313.625 » | 294.796 22 | 17.763.600 » |
| 12. Féd. des Coopératives | Ljubljana | 524 | 531.470.954 52 | 49.316.378 03 | 1.346.589 » | 177.294 43 | 117.795.476 05 |
| 13. Féd. des Coopératives slovènes............ | — | 141 | 147.140.102 72 | 9.414.346 09 | 122.200 » | 406.599 72 | 16.410.055 58 |
| 14. Féd. des Coopératives économiques........ | — | 39 | 86.460 22 | 5.938 » | 2.510 » | 33 72 | » |

# TROISIÈME PARTIE

## CHAPITRE PREMIER

## Le Crédit agricole en Yougoslavie

Après la guerre, dans l'Etat Yougoslave, le problème du crédit agricole s'est posé en même temps que le problème du relèvement économique du pays. En raison du fort pourcentage de la population que l'agriculture fait vivre, il est compréhensible que toute l'attention a dû être consacrée à l'économie rurale. Durement éprouvée par la guerre et la réalisation sans méthode de la réforme agraire, l'agriculture avait besoin, pour son relèvement, de capitaux importants à bon marché. Le but était d'augmenter les rendements par la culture rationnelle du sol et de rendre la production propice à la concurrence sur les marchés extérieurs. Les nouveaux investissements exigeaient de nouveaux capitaux et une organisation spéciale qui aurait à satisfaire les conditions du crédit agricole. Les capitaux privés étaient engagés en grande partie dans le commerce et le développement de l'industrie embryonnaire. Les organisations coopératives de crédit ne disposaient pas des capitaux nécessaires et, en raison du déploiement insuffisant, n'arrivaient pas à satisfaire les besoins de l'agriculteur. Dans de telles circonstances la solution du problème du crédit agricole était peu probable sans une intervention de l'Etat.

Cependant, tout en considérant attentivement ces conditions objectives qui exigeaient l'aide de l'Etat, il faut sincèrement reconnaître que le manque d'initiative privée est la caractéristique principale des Yougoslaves, et que pour cela les problèmes sociaux et économiques, discutés par l'opinion publique, sont à la charge de l'Etat. Il en est tout autrement en Allemagne où, comme nous l'avons vu, le même problème a provoqué une forte réaction de la part des adversaires de l'intervention de l'Etat dans les rapports économiques. La discussion fut ouverte à l'occasion de la motion du parti agrarien, à savoir que l'Etat doit aider au moyen du crédit les organisations coopératives existantes. Il est curieux de constater que c'étaient précisément les représentants de la coopération qui s'opposaient à l'intervention de l'Etat, la considérant comme nuisible au progrès d'un mouvement coopératif vigoureux. Au contraire, en Yougoslavie, la discussion était menée uniquement pour savoir sous quelle forme se manifesterait l'intervention de l'Etat, et toutes les motions sur l'organisation du crédit agricole considèrent l'intervention de l'Etat comme inévitable et indispensable.

Avant de passer à l'exposé de la solution adoptée dans la loi du 12 juin 1925, nous commenterons dans leurs traits essentiels les solutions prévues par les projets antérieurs. Bien qu'ils n'aient aucun intérêt pratique, ces projets démontrent qu'une attention toute particulière a été portée au crédit agricole, mais que la solution en a été retardée par suite des intérêts divergents et surtout des intérêts politiques des partis qui cherchaient à rehausser leur prestige politique. C'est dire qu'en Yougoslavie, comme partout ailleurs, la politique a retardé, après la guerre, tout autre travail. Au lieu d'être un moyen de réaliser le bien-être économique et le progrès de la civilisation, la politique était devenue une fin à laquelle étaient asservis tous les intérêts.

### A) *Solution provisoire*

L'organisation prévue par le décret du 25 mars 1921 consiste dans l'établissement, à côté de la Direction des Fonds déjà constituée, d'une Direction du crédit agricole. Le capital initial devrait être offert par l'Etat, et pour chaque année serait prévue dans le budget de l'Etat une certaine somme d'argent destinée à cette institution. La Direction aurait à consentir dans un but productif, directement ou par l'intermédiaire de ses succursales, des crédits aux agriculteurs de condition matérielle indigente. Les demandes de crédit devraient être adressées à la Direction par les maires des communes qui auraient, en plus de ce rôle administratif, à contrôler la régularité d'emploi du crédit, de la même manière que font les coopératives au sein de leurs organisations. Ce projet sur l'organisation exclusivement étatiste du crédit agricole était l'œuvre d'un parti qui avait cherché le moyen d'assurer le mieux possible sa position au pouvoir. Sans aucune influence dans la direction des organisations coopératives, le gouvernement essaya de cette façon d'influencer directement les agriculteurs. Sentant toute la faiblesse du système exposé, le Ministre compétent justifiait qu'il était impossible, du moins pour le moment, de trouver une solution meilleure. Néanmoins, pour apaiser l'opposition, très violente d'ailleurs, surtout dans les milieux coopératifs, le projet mentionné prévoyait que, dès que la Direction aurait déployé son activité, la Banque Agraire d'Etat répondrait aux désirs des coopérateurs et aux besoins des agriculteurs. La chute du gouvernement a empêché la mise en vigueur du décret, donc la solution du problème a été ajournée et le pays sauvé d'une expérience dangereuse.

### B) *Solution mixte*

Le projet du 15 décembre 1921 apparaît comme l'expression de la nouvelle situation politique, comme le résultat du compromis de la nouvelle coalition gouvernementale. En s'appuyant sur le décret précité, ce projet conserve la Direction du crédit agricole pour les agriculteurs non organisés dans les sociétés coopératives, mais, afin de venir en aide aux organisations coopératives, il prévoit la fondation d'une Société Coopérative Centrale du crédit agricole.

Le capital initial de 100.000.000 de dinars devrait être divisé en deux parties égales, entre la Direction du crédit agricole et la Société Coopérative Centrale.

De même les dotations postérieures seraient réparties en deux parties égales et seraient composées de 10.000.000 de dinars, prévus chaque année dans le budget, et d'un tiers des bénéfices nets de la Loterie d'Etat. La première institution aurait à consentir directement du crédit aux agriculteurs pauvres, et qui ne sont pas organisés dans les coopératives. La deuxième, la Société Coopérative Centrale consentirait du crédit soit directement sur l'engagement personnel du débiteur, appuyé par les signatures de trois cautions solvables, soit par l'intermédiaire de l'Union des coopératives agricoles. Il faut mentionner que le projet prévoit seulement le consentement du crédit personnel, estimant que le crédit hypothécaire doit être régularisé séparément.

Ce système assez compliqué a provoqué une vive discussion et une opposition au sein même du Conseil des Ministres. On reconnut qu'on avait porté plus d'attention aux coopératives qu'auparavant, mais en même temps que la répartition du capital disponible en parties égales était injuste, car le nombre d'agriculteurs non organisés est bien plus élevé que celui d'agriculteurs coopérateurs. La nécessité du crédit agricole se faisait moins sentir en Slovénie où le mouvement coopératif est le plus développé, tandis qu'en Serbie, ruinée pendant la guerre, la nécessité du crédit était plus pressante. Pour ces raisons les adversaires du projet du 15 décembre 1921 demandaient que la répartition du capital fût faite proportionnellement au nombre d'agriculteurs coopérateurs et d'agriculteurs non coopérateurs. Malgré les protestations unanimes, le projet fut adopté au sein du Conseil des Ministres à la majorité des voix, mais, à cause de l'instabilité du gouvernement, on n'a pas osé le mettre à exécution. Ainsi ce projet de solution du crédit agricole est resté lettre morte.

Les années suivantes, 1922 et 1923, ont été très favorables à l'agriculture. L'élévation des prix des produits agricoles et l'augmentation de l'exportation ont eu pour effet que l'agriculteur a vu son travail rétribué. L'agriculture a commencé de progresser et les hommes politiques incompétents considéraient que de cette sorte la question du crédit agricole ne serait plus à l'ordre du jour. Cependant l'agriculteur a continué de sentir la nécessité du crédit et de s'endetter en achetant les instruments nécessaires et en acquérant de la terre. L'appât du gain le poussait à contracter des emprunts chez les banquiers à un taux d'intérêt très élevé et dans des conditions contraires à la nature du crédit agricole. A ce moment il aurait fallu songer plus que jamais à l'organisation du crédit agricole, utiliser la prospérité momentanée de l'agriculture et préparer l'agriculteur à un changement de situation. Dans une période de production déficitaire et de prix élevés, il est évident que l'agriculteur voit ses revenus augmenter. Mais ce n'est que dans l'amélioration de la production et dans l'abaissement des prix de revient qu'il doit trouver les conditions de la vraie prospérité. La crise, provoquée par la baisse des produits agricoles, a démontré bientôt que l'agriculture avait surfait sa capacité d'emprunter. Par suite de l'augmentation des impôts, elle a vu s'élever ses frais généraux, et un grand nombre d'agriculteurs n'arrivaient plus à remplir leurs obligations. Dans ces conditions les représentants des organisations coopératives mirent encore une fois à l'ordre du jour la question du crédit agricole.

### C) *Solution coopérative*

Dans la déclaration du gouvernement du 6 août 1924, il était dit qu'une attention toute particulière serait consacrée à l'élaboration de la loi sur le crédit agricole et à l'unification des impôts dans tout le pays. A la tête du Ministère de l'Agriculture était placé à cette époque M. Koulovetz, qui a joué un rôle important dans le mouvement coopératif en Slovénie. En défendant la thèse que le problème du crédit agricole ne pourra être résolu que par les organisations coopératives, le nouveau Ministre a élaboré le projet sur la formation d'un Etablissement de crédit agricole. Ce projet, élaboré le 10 octobre 1924, n'a jamais été soumis à la Chambre des Députés. Le gouvernement de coalition a dû bientôt démissionner et céder la place au Ministère Pachitch-Pribitchevitch, chargé de préparer les élections. Longtemps après les élections, au mois de juin 1925, la Chambre des Députés a discuté la question de l'organisation du crédit agricole. A cette occasion M. Koulovetz, cette fois en qualité de porte-parole de la minorité, a présenté le projet déjà cité, sans modification, mais daté du 10 mai 1925.

Comme ce projet exprimait les désirs des milieux coopératifs, et comme il était soigneusement élaboré et habilement soutenu à la Chambre des Députés, il faut parler plus amplement de son contenu. Le projet prévoit la fondation d'une institution centrale du crédit, laquelle, tout en se servant de l'appareil coopératif déjà constitué, a pour but de consentir à l'agriculteur du crédit à bon marché. Cette institution doit être fondée par 15 Unions coopératives existantes, en toute indépendance, et représentant toutes les régions du pays. L'Etat et les Unions Coopératives souscrivent par moitié le capital initial de 100 millions de dinars. En se référant à l'article 29 de la Constitution, en vertu duquel l'Etat s'oblige à aider matériellement la coopération nationale, le projet prévoit que l'Etat versera selon ses moyens budgétaires, durant 10 ans consécutifs, par 50.000.000 de dinars, tant que le versement de l'Etat n'atteindra pas la somme globale de 500 millions de dinars. Si l'on y ajoutait la somme que les Unions Coopératives verseraient pendant 10 ans, on obtiendrait une somme considérable qui pourrait couvrir en grande partie les besoins des agriculteurs.

L'avantage de cette organisation consiste dans ce fait que l'on pourra, par l'intermédiaire de l'appareil coopératif existant, procéder immédiatement à la distribution du crédit agricole. Les résultats obtenus dans les autres pays prouvent que la question du crédit agricole ne sera pas résolue par des gros capitaux, versés par l'Etat, mais bien par son organisation opportune. L'heureux fonctionnement jusqu'ici des coopératives agricoles donne des garanties que les sommes empruntées seront utilement employées et garantit moralement et matériellement à l'Etat son capital versé. En outre, le contrôle de l'Etat augmente, de sorte que l'Etat sera représenté au Conseil d'administration et de surveillance avec un quart des membres, et qu'un commissaire spécial d'Etat sera désigné pour contrôler quotidiennement la marche des affaires. Si l'on a en vue que le contrôle est extrêmement sévère dans les coopératives mêmes, il est de toute évidence que toute garantie a été donnée à l'Etat pour son concours matériel.

Le projet prévoit (art. 3) que cette institution centrale du crédit consentira toute espèce de crédit : le crédit personnel à court terme, le crédit réel à moyen terme et le crédit hypothécaire à long terme. Les crédits seront consentis par l'intermédiaire des organisations coopératives et agricoles qui sont membres de la Banque Coopérative de crédit. En dehors de la répartition du crédit, la Banque peut s'occuper des affaires suivantes : l'acceptation des dépôts en épargne, l'émission des titres de gage en vertu des crédits hypothécaires émis, puis le réescompte des lettres de change. L'argent déposé en épargne à la Banque Coopérative ou à ses membres est exempt d'impôts et de toutes les taxes d'Etat et municipales. De même, les affaires de la Banque Coopérative sont exemptes d'impôts et de centimes additionnels, dont sont exemptes également les autres institutions coopératives sans but lucratif.

Ces privilèges sont compréhensibles quand on a en vue que notre agriculture embryonnaire donne des profits médiocres, et que, par conséquent, l'agriculteur ne peut payer un intérêt élevé. De cette manière seulement cette organisation peut faire le crédit meilleur marché, si nécessaire à l'agriculture, et peut être plus favorable que celui des banques et des autres institutions de crédit qui retirent un bénéfice de leurs opérations.

Ce serait, dans ses traits essentiels, l'organisation du crédit agricole, prévue par le projet du 18 mai 1925. Le rapporteur, M. Koulovetz, a déclaré à la Chambre des Députés que le projet était élaboré après une observation et une expérience acquises dans d'autres pays : Allemagne, France, Bulgarie, Roumanie. La pratique a prouvé que le crédit doit aller parallèlement avec le développement de la production et le niveau de la civilisation du pays auquel il est destiné. Le mouvement coopératif a été créé par les éléments avancés, par ceux qui sont arrivés dans leur développement économique au stade où il faut compléter la force individuelle par la force coopérative. Plus les rapports de l'agriculteur se développent sur le marché, plus la nécessité de la coopération se fait sentir. C'est pourquoi il est tout naturel que l'Etat utilise et aide l'appareil coopératif existant. De cette façon le mouvement coopératif, tout en conservant son indépendance, gagnera plus de force et attirera dans ses organisations un plus grand nombre de coopérateurs. Bref, l'avantage de ce projet consiste dans l'utilisation et l'aide du mouvement coopératif déjà formé, ainsi que dans la régularisation du consentement des crédits selon les besoins réels des agriculteurs.

Malgré tous ces avantages, la Chambre des Députés a rejeté ce projet pour des raisons politiques, et a voté le projet du gouvernement, devenu la loi du 12 juin 1925. Dans la partie suivante nous exposerons l'organisation basée sur cette loi, ainsi que les résultats jusqu'ici obtenus.

CHAPITRE II

# L'organisation du Crédit agricole d'après la loi du 12 juin 1925

Au cours de l'exposé antérieur nous avons mentionné que deux solutions principales ont été proposées en vue de l'organisation du crédit agricole. La première, prévue par le décret du 25 mars 1921, consiste dans la répartition du crédit par l'Etat et les organes communaux. La deuxième solution, expliquée dans le projet du 18 mai 1925, résout le problème du crédit agricole par la fondation d'une institution coopérative centrale qui pourrait, en utilisant l'appareil coopératif existant, aborder directement la répartition du crédit. La première solution n'était autre chose que l'immixtion des motifs politiques des partis dans le domaine économique, et elle n'a pas été réalisée à cause des fréquentes crises ministérielles qui empêchaient toute continuation d'une politique stable. La deuxième solution, acceptée par toutes les Unions coopératives et agricoles, n'a pas rencontré auprès des milieux politiques l'appui nécessaire sans lequel aucun projet de loi ne peut obtenir force législative.

Le législateur, le 12 juin 1925, a adopté une troisième solution, bien difficile à définir. D'après cette loi, l'Etat se charge de créer une institution centrale qui aurait à consentir du crédit par l'intermédiaire des associations spéciales fondées par les agriculteurs eux-mêmes. L'article 1er dispose qu'on institue dans le but du fournissement rationnel de l'agriculteur par le capital nécessaire avec l'aide de l'Etat à la base coopérative « un organisme du crédit agricole, constitué par des caisses locales et régionales de crédit agricole, sous la surveillance d'une direction autonome du crédit agricole ». D'après l'affirmation du rapporteur de la Commission législative, il devrait être créé une institution de même nature que celle érigée en loi, en France, le 5 août 1920 dont nous trouvons l'origine dans le projet Méline, légiféré le 5 novembre 1894. Il est intéressant de constater que le système pour l'élaboration duquel le législateur français a mis près de 26 ans de travail méthodique, fut adopté et rédigé dans une seule loi par le législateur yougoslave. Nous allons nous occuper, au cours de l'exposé, de rechercher les analogies entre l'organisation du crédit agricole en France et celle adoptée en Yougoslavie par la loi du 12 juin 1925. Dans la première partie nous exposerons l'organisation et le fonctionnement de l'organisme du crédit constitué par la loi précitée et complétée par le règlement du 18 décembre 1925 ainsi que par les statuts postérieurs des caisses locales et régionales.

## Section I

### LES DISPOSITIONS GÉNÉRALES

Etant d'avis que le crédit coopératif est la forme la plus perfectionnée du crédit, le législateur a établi à la base du nouvel organisme les caisses locales, qui sont sous l'administration de la Direction du crédit agricole. Les caisses locales et régionales peuvent être constituées uniquement par les agriculteurs qui disposent de plein droit de leurs biens. Lorsqu'une organisation syndicale d'agriculteurs n'existe pas, c'est au tribunal de décider qui est l'agriculteur aux yeux de la loi. Les personnes vivant à la campagne, mais qui ne cultivent pas la terre, peuvent être membres et fonctionnaires de la caisse, mais elles ne peuvent pas se prévaloir du crédit. Ceci afin d'empêcher les gens éclairés qui vivent à la campagne (prêtres, instituteurs, commerçants) d'épuiser, par leur influence, les crédits dans un autre but que celui d'exploitation de la terre. D'autre part, la possibilité était laissée aux personnes qui vivent à la campagne, mais qui ne cultivent pas la terre, d'augmenter par leurs parts le capital social et, si elles le veulent, de gérer avec désintéressement les affaires de la société. En vertu de cette loi sont considérées comme agriculteurs seulement les personnes qui *vivent à la campagne et qui subviennent à leurs besoins personnels ainsi qu'à ceux de leur famille par les produits obtenus par l'agriculture.*

En ce qui concerne la responsabilité des associés, la loi ne donne pas sur ce point une solution tranchée. En vertu de l'article 4 les associés peuvent librement fixer l'étendue de la responsabilité qu'ils entendent assumer. Ainsi les coopératives peuvent être fondées ou sur l'adoption du régime de la responsabilité illimitée, ou sur le principe de la responsabilité limitée. En cas de responsabilité limitée, les associés sont responsables jusqu'à concurrence de leurs parts, et en outre jusqu'à une certaine somme, qui sera fixée par les statuts, sans pouvoir être inférieure au décuple de la valeur des parts souscrites. Le législateur français, dans la loi du 5 août 1920, donne encore plus de liberté aux associés de fixer leur propre responsabilité. L'article 18 dispose que « les statuts règlent l'étendue et les conditions de la responsabilité qui incombe à chacun des sociétaires dans les engagements pris par la caisse ». La loi allemande du 29 avril 1892 prescrit que le capital d'une société à responsabilité limitée doit être de vingt mille marks au moins. La loi bulgare de 1897 exigeait une garantie réelle minima de 3.000 levas de chacun des membres du conseil d'administration. Une modification apportée par la loi de 1903 réduisait cette garantie à 200 levas.

Nous avons déjà opté pour le système qui exige une certaine responsabilité des coopérateurs. La responsabilité solidaire est utile pour plusieurs raisons. D'abord la coopérative obtient plus facilement du crédit, assure le contrôle d'emploi du capital emprunté, ensuite un certain choix des membres se fait dans ces coopérateurs d'après leur moralité. Dans les pays où l'Etat est venu en aide aux coopératives moyennant son capital, la première raison perd, dans une certaine mesure, de son importance, mais pour cela il faut avoir en considération aussi les autres particularités de la responsabilité solidaire. Dans les pays où la responsabilité solidaire éloigne de la coopération les agriculteurs, il serait nécessaire de fixer une certaine responsabilité, fût-elle minime. Il n'est pas de la plus grande importance qu'on mette momentanément à la disposition des agriculteurs de grands moyens financiers, mais bien que l'économie rurale soit organisée sur des principes coopératifs sains et vigoureux. Le législateur yougoslave en tenait compte et apportait quelques dérogations à la responsabilité des associés. Il les a encore renforcées par les dispositions concernant la constitution du capital des caisses de crédit.

*Le capital social* de la caisse de crédit agricole est formé au moyen des parts des sociétaires. Les parts doivent être nominatives et ne sont transmissibles que par voie de cession, avec l'agrément de la caisse ; elles ne peuvent être inférieures à 100 dinars pour les caisses locales, ni à 1.000 dinars pour les caisses régionales. Les caisses de crédit ne peuvent être constituées qu'après le versement du quart du capital social (art. 5). C'est-à-dire que la société, si le quart du capital est acquitté, peut admettre que tel associé verse moins que tel autre. Mais, à la différence du système français, la loi en question dispose que les sociétaires ne peuvent obtenir du crédit qu'après le versement intégral des parts souscrites. Ce règlement a été introduit dans la loi à l'occasion de la discussion à la Commission législative, et avait pour but de lier l'obtention du crédit avec l'exécution de certaines obligations matérielles à l'égard de la société. On estimait que le versement intégral des parts servirait de preuve que les sociétaires, qui ont fondé la caisse de crédit, ont une sérieuse intention de s'organiser selon les principes coopératifs. La loi française de 1920 n'exige, comme nous l'avons exposé, ni le minimum des parts, ni le versement intégral des parts souscrites. La seule dérogation que cette loi ait nettement formulée est celle relative aux caisses à capital variable. Le capital de ces caisses ne peut être réduit par la reprise des parts des sociétaires sortants au-dessus du montant du capital de fondation.

La durée des caisses de crédit est illimitée. On procède à la *dissolution* d'une caisse en présence des conditions spéciales, prévues par la loi : *a*) quand elle devient insolvable et que l'assemblée générale décide la dissolution par une majorité des trois quarts du nombre total des sociétaires ; *b*) quand la caisse est déclarée en faillite ; *c*) quand le nombre des sociétaires tombe au-dessous de quinze. En cas de cessation de l'activité de la caisse, la liquidation s'opérerait suivant les prescriptions du règlement (art. 7).

La loi française dispose que les statuts des caisses doivent fixer les conditions nécessaires à la dissolution. Le seul point, réglementé par la loi, a trait au partage de l'actif, y compris les réserves des caisses ayant reçu des avances de l'Etat ou des caisses locales ayant participé au bénéfice de ces avances au moment où la caisse procède à la liquidation. L'article 3 de la loi du 5 novembre 1894 disposait qu'à la dissolution de la société, le fonds de réserve et le reste d'actif « seront partagés entre les sociétaires, proportionnellement à leur souscription, à moins que les statuts n'en aient affecté l'emploi à une œuvre d'intérêt agricole ». La loi de 1920 donne, dans son article 20, plus de précision en disposant que le reste de l'actif sera affecté à une œuvre d'intérêt agricole « sur décision de l'assemblée générale, approuvée par le Ministre de l'Agriculture et, à défaut de cette décision, désignée par le Ministre après l'avis de la commission plénière de l'Office national du crédit agricole ». C'est-à-dire qu'en ce qui concerne les caisses ayant reçu des avances de l'Etat ou de caisses locales ayant participé au bénéfice de ces avances, la loi interdit la répartition de l'actif, même en cas de dissolution de la société. En Yougoslavie, à défaut de précision législative, le règlement dispose « que la répartition de la caisse se fera suivant les règles de droit commun actuellement en vigueur ». Nous trouvons que le législateur français a été mieux inspiré en attribuant l'actif d'une caisse en dissolution à une œuvre d'intérêt agricole, ce qui est très logique, parce que les sociétés fondées sur les principes d'entr'aide et de mutualité ne doivent en aucun cas partager le profit. L'espoir d'un partage éventuel peut fausser le but des institutions de mutualité et introduire un esprit de spéculation dans le fonctionnement des caisses de crédit.

A ce propos nous ne pouvons pas passer sous silence une décision par laquelle le Ministre de l'Agriculture s'est arrogé la faculté de prescrire une nouvelle cause de dissolution. En vérité, l'article 23 du règlement pour l'exécution de la loi de 1925 dispose que « le comité de la Direction du crédit agricole peut ordonner, sur la proposition et l'avis de la caisse régionale, la dissolution d'une caisse locale. Pour la dissolution d'une caisse régionale, la décision doit être prise par le conseil d'administration de la Direction, sur la proposition du comité exécutif ». Le reste du même article a encore renforcé cet arbitrage administratif en disposant que « la dissolution d'une caisse doit être ordonnée lorsqu'elle se rend coupable de faits contraires à la loi sur le crédit agricole ou au présent règlement : ou bien lorsqu'elle entreprend quoi que ce soit qui porte préjudice aux intérêts de l'organisation du crédit agricole ».

Il est de toute évidence que, par les dispositions que nous venons de citer, le règlement a empiété sur le domaine de la loi. Si le législateur avait vraiment eu l'intention d'ajouter encore une cause à la dissolution de la caisse, il l'aurait certainement fait. C'est sur une matière déjà réglée par la loi, parce que l'article 7 est limitatif, que le Ministre est intervenu par le règlement du 18 décembre 1925.

Dans le chapitre suivant, nous reviendrons sur cette question, qui prêtait aux adversaires de la nouvelle organisation une arme puissante pour démontrer dans quelle mesure l'esprit politique dominait la solution donnée au problème du crédit agricole.

Malheureusement, cet exemple de violation de la loi de la part du pouvoir administratif n'est pas isolé. Nous avons dit que l'article 2 distingue deux sortes de membres : 1° les agriculteurs qui peuvent être membres et se prévaloir du crédit, et 2° les personnes qui ne s'occupent pas d'agriculture, mais qui vivent à la campagne. Ces personnes peuvent faire partie de la caisse, mais elles ne pourront pas faire appel au crédit. Le règlement a ajouté dans l'article 32 une troisième sorte de membres par la décision suivante : « les membres des organisations de crédit agricole existantes pourront constituer des caisses locales de crédit agricole, ou se faire inscrire comme sociétaires des caisses déjà constituées : mais ces personnes ne pourront pas se servir du crédit de la caisse locale tant qu'elles n'auront pas cessé de faire partie d'une autre organisation de crédit agricole ». Cette disposition avait pour but de provoquer la dissolution des coopératives de crédit constituées avant la présente loi. Par une fausse idée, le rédacteur du règlement a été porté à croire que le succès de la nouvelle organisation serait assuré par la destruction des anciennes coopératives. C'est ainsi que les pouvoirs publics, par de pareilles dispositions, cherchaient le désaccord, au lieu de faciliter la collaboration et la centralisation des efforts.

En ce qui concerne l'organisation des caisses de crédit, l'article 8 de la loi de 1925 contient l'autorisation pour la Direction de rédiger *les statuts uniformes* pour toutes les caisses. Parmi les clauses laissées à la compétence des statuts nous trouvons la clause relative « aux conditions de réception des nouveaux membres et d'exclusion ou de démission des anciens. La caisse de crédit, une fois constituée, doit solliciter de la caisse régionale, et, avant la constitution de la caisse régionale, de la Direction du crédit agricole, l'autorisation de demander au tribunal compétent son inscription sur le registre coopératif. La caisse existe juridiquement du jour où son statut est légalisé par le tribunal et sa constitution enregistrée. Chaque modification des statuts doit être déclarée au tribunal en vue de son inscription sur le registre » (art. 6).

En terminant la partie relative aux notions générales de la loi de 1925, nous pouvons conclure que la loi a prévu trois sortes d'institutions : à la base, en contact avec l'agriculteur, se trouve la caisse locale ; sur cette base s'élèvent deux étages : les caisses régionales et au sommet la Direction du crédit agricole.

## Section II

### ORGANISATION DES CAISSES LOCALES

Les formes légales essentielles à la constitution des caisses locales sont les suivantes : 1° une caisse locale ne peut être fondée que par des agriculteurs qui disposent librement de leurs biens ; 2° un minimum de vingt membres est exigé ; ces membres doivent habiter tous dans une même commune pour pouvoir se connaître et contrôler l'emploi des prêts consentis. Exceptionnellement, la loi permet une dérogation à la règle, pour les régions montagneuses, peu habitées, où il n'y a pas de communications régulières.

Sur un même territoire ne peuvent exister deux caisses locales constituées conformément à la présente loi. En admettant que sur un même territoire se soient déjà constituées deux ou plusieurs caisses locales, c'est à la caisse régionale de décider laquelle de ces caisses sera admise et reconnue. La caisse locale, à laquelle on a refusé l'admission, a le droit de porter plainte à la Direction du crédit agricole qui décide en dernier ressort (art. 10). Cette décision a pour but de grouper tous les membres d'une commune, sans tenir compte de leurs sentiments confessionnels et politiques, en une coopérative. Il est certain que le groupement d'agriculteurs dans une coopérative est fort utile. Ainsi les frais se réduisent et la puissance collective augmente de sorte que la coopérative pourra fonctionner encore plus efficacement. Pourtant, la fusion des coopératives ne pourra pas être réalisée par des prescriptions de la loi. Très fréquemment les circonstances locales sont telles qu'il vaut bien mieux laisser la liberté aux agriculteurs de s'organiser eux-mêmes, comme bon leur semble. En Allemagne, les coopératives sont aussi désunies, mais l'Etat a fait usage d'autres mesures pour faciliter la fusion des coopératives. Aux coopératives qui veulent effectuer le fusionnement, on consent le crédit pour la couverture des frais (taxe de transcription des propriétés immobilières, indemnité de résiliation de bail) et ainsi, sans avoir recours aux prescriptions obligatoires de la loi, on obtient le même but.

Puis la prescription, prévue par l'article 10, a un désavantage en ce qu'elle peut être utilisée pour des desseins politiques. D'autant plus que la loi ne donne aucune indication sur le critérium qui doit guider la caisse régionale ou la Direction dans sa décision. Une décision ainsi rédigée permet, sous l'étiquette de la protection d'unité nationale, de commettre tant d'abus dans l'intérêt du parti qui tient en mains les rênes du pouvoir politique. Si le principe seulement avait été en question, le sincère désir de grouper les agriculteurs d'une même commune en une seule coopérative, « il aurait fallu prescrire que de deux ou plusieurs caisses formées dans une même commune sera admise celle qui réunit le plus grand nombre de personnes et de parts. Ainsi, il ne pourrait jamais arriver qu'on reçoive une caisse avec 20 membres, et qu'on refuse une autre qui pourrait en compter plus de 100 » (1).

Toujours dans l'idée de supprimer l'indépendance des coopératives de crédit organisées en dehors de la loi en question, l'article 15 dispose que les organisations de crédit agricole existantes peuvent se transformer en caisses locales, à condition de se conformer à leurs statuts, et d'être agréées par la caisse régionale. Lors de la délibération pour l'admission des caisses locales, les demandes présentées par les coopératives de crédit seront prises en considération avant toutes les autres. On a bien compris que la formation des caisses se fera lentement, et qu'il vaut mieux trouver un procédé pour attirer les unités coopératives déjà constituées. Les anciennes coopératives tenaient essentiellement à leur indépendance, et il est incontestable que la voie choisie n'était pas bonne. Au lieu de chercher un procédé pour arracher les coopératives de crédit à leurs unions et fédérations, le législateur aurait mieux fait d'assurer par les facilités législatives et les capitaux mis à leur disposition la meilleure marche de leur fonction de créditeur.

*L'administration des caisses locales* est confiée au conseil d'administration, dont l'activité est contrôlée par un conseil de surveillance. Le conseil de surveillance rend ses comptes à l'assemblée générale des sociétaires. La loi laisse l'obliga-

(1) Djordjevitch : *Le crédit agricole en Yougoslavie*, p. 181.

tion à la Direction de rédiger pour toutes les caisses des statuts uniformes, de fixer également le mode d'élection, le champ d'activité, les droits et les fonctions, ainsi que la durée du mandat des organes directeurs.

Le conseil d'administration a pour devoir d'exécuter les prescriptions de la loi, du règlement pour l'exécution de la loi, des statuts ainsi que les décisions de l'assemblée générale. Juridiquement, ce conseil représente la caisse locale et exerce plusieurs fonctions, parmi lesquelles celles de se prononcer sur l'admission et sur l'exclusion des sociétaires, d'accorder des prêts et de surveiller l'emploi des sommes avancées (art. 30 des statuts). Les membres du conseil d'administration sont personnellement responsables sur tous leurs biens du préjudice, résultant de la violation de la présente loi et des statuts, ainsi que d'une mauvaise gestion des affaires de la caisse. Cette responsabilité n'incombe pas au membre qui se serait retiré.

Le conseil de surveillance, nommé par l'assemblée générale, contrôle les opérations des administrateurs, vérifie la caisse, révoque les membres du conseil d'administration, ou le conseil tout entier, s'il gère illégalement et au préjudice des intérêts de la coopérative. Il a le droit de statuer en première instance sur les demandes des membres que le conseil d'administration n'a pas admis ou qu'il a exclus. Les membres du conseil de surveillance sont solidairement responsables sur tous leurs biens pour le préjudice provenant de leur négligence.

L'assemblée générale est composée de tous les membres de la caisse. Chaque sociétaire n'a qu'une voix, et le droit de voter ne peut être effectué que personnellement. Les principales attributions de l'assemblée générale prévues par les statuts sont les suivantes : statuer sur les modifications des statuts, élire les conseils d'administration et de surveillance, fixer le montant de la part ainsi que l'augmentation du capital social, et enfin arrêter le montant maximum des prêts à consentir et fixer le taux d'intérêt consenti aux épargnes des sociétaires. Contre les décisions de l'assemblée, tout sociétaire peut porter plainte à la coopérative régionale ; et là où elle n'existe pas, à la Direction du crédit agricole. Si la décision est annulée, sont annulées pareillement les décisions identiques des assemblées d'autres coopératives contre lesquelles les plaintes n'étaient pas portées. Cette prescription a pour but de fortifier le contrôle des organes supérieurs, des caisses régionales ou de la Direction, sur le fonctionnement des coopératives locales, mais pratiquement elle n'a aucune utilité. Au contraire, elle est préjudiciable à l'indépendance des coopératives, car elle favorise la persécution, tant de la part de la minorité mécontente que de la part des particuliers. Cette prescription, inconciliable avec les principes coopératifs, a été pleinement inutile, à la suite de la prescription déjà mentionnée qui autorise le comité exécutif de la Direction à ordonner la dissolution d'une caisse locale lorsqu'elle se rend coupable de faits contraires à la loi ou au règlement.

Le but des caisses locales, défini par l'article 3 de la loi, est de procurer à leurs membres des crédits pour le développement et l'amélioration de la production agricole. Elles sont autorisées à consentir à leurs membres deux sortes de crédits : le crédit à court terme et le crédit à moyen terme.

La première opération, le crédit à court terme, comprend les prêts pour les frais généraux et pour l'acquittement d'autres dépenses courantes de l'exploitation, ainsi que les prêts pour la meilleure préparation des produits agricoles. Ces prêts peuvent être consentis sur le gage des titres, émis ou garantis par l'Etat, suivant le cours fixé périodiquement par la Direction du crédit agricole ; et ils doivent être remboursés après la récolte, ou après l'exécution du travail entrepris, mais au plus tard dans le délai *d'un an*. Le crédit ainsi consenti ne peut jamais excéder les deux tiers de la valeur effective du papier ou du prix d'achat du bétail ou des instruments, ou s'il est garanti par une hypothèque, son montant ne peut jamais excéder la moitié de la valeur du bien hypothéqué. Le débiteur est tenu de signer une déclaration en vertu de laquelle la caisse pourra, s'il ne rembourse pas sa dette à l'échéance, procéder elle-même, sans intervention judiciaire, à la vente de l'objet gagé, en vue de se faire payer sur sa valeur (art. 38-40 du règlement).

Cette sorte de crédit joue un grand rôle dans l'agriculture et spécialement dans les pays où le pourcentage des petits propriétaires est élevé. C'est le véritable type du crédit agricole, et il doit servir exclusivement à procurer aux agriculteurs les ressources nécessaires à l'exploitation de leurs terres ; ce sont ordinairement les dépenses d'acquisition de la terre, de la culture du sol, de l'achat des machines agricoles, ou en un mot les travaux qui rapportent dans un court délai. Puis, il faut prendre en considération également que cette espèce de crédit pourra jouer un rôle important au moment de la vente des produits agricoles. Après les moissons, les agriculteurs ont de gros paiements à faire, et pour faire face à toutes les dépenses simultanées, ils sont obligés de vendre à bas prix. Le gros propriétaire se trouve dans une meilleure situation, parce que ordinairement il possède un fonds de roulement ou dispose d'autres ressources, ce qui lui permet d'attendre, et de ne vendre que dans le courant de l'hiver. Il faut porter une attention toute spéciale à cette sorte de crédit dans notre pays auquel manque grandement le capital de roulement, et dans lequel l'agriculteur se voit très souvent obligé, par nécessité, de vendre la récolte « pendante ». Et puis le crédit à court terme facilite le roulement plus prompt du capital disponible, ce qui veut dire qu'on pourra aider, avec des moyens financiers très modestes, un nombre plus grand d'agriculteurs, et précisément ceux qui ont le plus grand besoin de crédit.

La deuxième opération consiste dans le consentement de prêts à moyen terme. Ces prêts sont consentis en vue de l'achat de bétail ou de machines agricoles, ou pour l'exécution de petites améliorations foncières et les réparations des bâtiments agricoles. Ils peuvent être garantis pas l'engagement du débiteur, par des papiers de valeur émis et garantis par l'Etat, par les objets achetés au moyen de crédit ou par une hypothèque. Ces prêts sont remboursables *en huit années* par amortissements semestriels. La loi prescrit que le taux d'intérêt ne doit pas être plus élevé que celui que la caisse paie à ses membres pour leurs parts, mais en tous cas il ne doit pas excéder de plus de 4 % le taux d'escompte de la Banque Nationale (art. 11).

Les prêts à moyen terme sont d'une grande importance pour l'entreprise des travaux d'aménagement fonciers. Ces travaux ne rapportent qu'après un certain nombre d'années et sont généralement entrepris par les agriculteurs qui ont placé dans le capital foncier toutes leurs économies, ou par ceux qui sont devenus propriétaires à la suite des mesures de la réforme agraire. Ainsi, ils peuvent se procurer un capital d'exploitation pour l'aménagement de la terre afin d'obtenir un bon rendement. En plus, cette sorte de crédit permet la diversité de la culture. Grâce à la polyculture, le paysan peut éviter de faire une année désastreuse. Par exemple, les exploitants des céréales peuvent se procurer le bétail pour l'élevage, ce qui sera une assurance contre les mauvaises récoltes ou contre la baisse des prix. Enfin, ces prêts à moyen terme peuvent servir pour éviter le morcellement des terres, en cas de décès du père, ou en cas de partage d'une communauté familiale. L'héritier qui reprendra l'exploitation aura ainsi la possibilité d'indemniser de leurs parts ses cohéritiers, ou les membres de la communauté qui quittent l'agriculture pour s'adonner à une autre profession.

Pour alimenter les prêts que nous venons d'examiner, les caisses locales disposent des ressources suivantes :

1° Leur capital social divisé en parts nominatives. Ces parts ne sont transmissibles qu'avec l'agrément de la caisse et ne peuvent être inférieures à 100 dinars. Le taux d'intérêt alloué aux parts ne peut être supérieur à celui que la caisse paie sur les dépôts (art. 5). Ce capital n'est jamais suffisant et la loi prévoit d'autres modes pour les caisses de se procurer de l'argent ;

2° Le capital constitué par l'épargne des sociétaires et des autres personnes, reçu en dépôt. Le taux d'intérêt consenti aux dépôts doit être plus bas que celui que paieront les sociétaires pour les prêts obtenus. Le dépôt fait par petites sommes épargnées est, en effet, la véritable opération de mutualité parce que rien ne paraît plus légitime que d'appuyer le crédit agricole sur l'épargne, et améliorer ainsi la situation économique des petits exploitants laborieux par leurs propres moyens. Dans ce but, l'article 42 du règlement recommande aux caisses locales d'instituer l'épargne obligatoire pour leurs membres, et la petite épargne pour les enfants. Cette recommandation a aussi une tendance éducative pour développer, chez les sociétaires, l'esprit et le goût d'économie ;

3° Un troisième moyen, le plus important, consiste dans la possibilité accordée aux caisses locales de se procurer des capitaux au moyen d'avances, obtenues auprès des caisses régionales. Ces avances sont garanties par les engagements des caisses, elles-mêmes, ou par les engagements des sociétaires, ou par le crédit à moyen terme, par l'inscription d'hypothèque sur les biens des débiteurs. La somme globale de l'emprunt contracté auprès de la caisse régionale doit être limitée par l'assemblée générale. Il est très important de souligner que l'article 42 du règlement interdit expressément que les caisses locales empruntent auprès d'autres établissements de crédit. Cette intervention démontre une tendance centraliste exagérée, qui réduit considérablement le champ d'activité des caisses locales. On a écarté de cette façon les services qui peuvent être rendus par les banques locales et surtout par les caisses d'épargne. Ces institutions locales peuvent contribuer, par les emprunts, à la constitution de fonds de roulement des associations de crédit agricole. L'idéal à réaliser dans les opérations de crédit exige de lier la fonction d'épargne. Nous mentionnerons en passant le progrès du crédit agricole en Allemagne, obtenu grâce à la collaboration étroite entre les coopératives de crédit et les caisses d'épargne. En France, l'article 14 de la loi de 1920 autorise les caisses de crédit à contracter les emprunts nécessaires pour constituer ou augmenter leurs fonds de roulement. La restriction est faite en ce qui concerne les caisses de crédit ayant fait appel au concours financier de l'Etat. Leurs emprunts doivent être préalablement soumis à l'autorisation du Ministre de l'Agriculture. Le système mentionné, qui enlève aux caisses de crédit la capacité du créditeur, est expressément inopportun pour notre pays dans lequel les dépenses publiques se couvrent avec trop de difficultés et d'efforts, et où il est financièrement impossible à l'Etat de couvrir par sa dotation la totalité du crédit nécessaire. Du reste, le passé immédiat a démontré que l'Etat ne remplissait même pas ses obligations légales, et que les institutions de crédit, fondées d'après cette loi, ont senti, dès le début, la pénurie du capital nécessaire.

Enfin, en vertu de l'article 13 de la loi, les caisses locales sont tenues de présenter, à la fin de chaque année, leur bilan annuel. Les frais généraux acquittés, les intérêts des emprunts et des parts soldés, le bénéfice net doit être porté au fonds de réserve qui est indivisble et auquel les membres de la caisse n'ont aucun droit. En cas de dissolution de la caisse, ce fonds de réserve doit être remis à la caisse régionale. La caisse régionale le rendra à la nouvelle caisse qui sera constituée à la place de l'ancienne. A la différence de ce système, la loi française dispose que les bénéfices sont attribués jusqu'à concurrence des trois quarts à la constitution d'un fonds de réserve jusqu'à ce que cette réserve ait atteint la moitié du capital social. Lorsqu'il atteint ce point, la proportion à verser au fonds de réserve est réduite de 50 % (art. 17). Le surplus des bénéfices doit être réparti entre les sociétaires proportionnellement aux opérations effectuées par ces derniers.

## Section III

### ORGANISATION DES CAISSES RÉGIONALES

Les caisses régionales se trouvent au deuxième étage de la nouvelle organisation du crédit instituée par la loi de 1925. Leur but est de servir d'intermédiaire, dans la distribution du crédit, entre la Direction et les caisses locales. Pour constituer une caisse régionale, il est nécessaire de réunir au moins vingt caisses locales qui ont leur siège sur le territoire d'une même région politique. Dans une même région ne peuvent pas exister deux caisses régionales, mais en cas de besoin la loi admet que la compétence d'une caisse régionale peut s'étendre sur plus d'une de ces régions. A part les caisses locales, les membres d'une caisse régionale peuvent devenir des associations centrales agricoles et des unions de coopératives agricoles.

Le capital social des caisses régionales est composé de parts, qui ne peuvent pas être inférieures à 1.000 dinars. Chaque membre est obligé de souscrire au moins une part ; mais, comme pour les caisses locales, nous rencontrons toujours le même principe que la pluralité des parts n'emporte pas la pluralité des voix.

Les organes directeurs de la caisse régionale sont les mêmes que ceux de la caisse locale, c'est-à-dire le conseil d'administration, le conseil de surveillance et l'assemblée générale. Ce n'est que dans la composition des conseils que le contrôle et l'influence de l'Etat se sont manifestés. Ainsi, le conseil d'administration comprend de droit, outre les membres désignés par l'assemblée générale, deux personnes compétentes en matière agricole et désignées par le Ministre de l'Agriculture, deux représentants des plus fortes organisations agricoles de la circonscription, et un délégué du conseil général du département. Dans le conseil de surveillance entre de droit un comptable désigné par le Ministre des Finances (art. 18). Cette immixtion des représentants de l'Etat dans le fonctionnement des organes directeurs des caisses régionales a été très critiquée, lors de la discussion à la Chambre, et encore après le vote de la loi. En ce qui concerne les membres qui doivent être élus par l'assemblée générale, leur nombre n'est fixé, ni par la loi, ni par les statuts, mais ils doivent faire partie d'une association affiliée à la caisse régionale.

Les caisses régionales, en raison de leurs caractères et de leurs attributions, sont appelées à devenir les banquiers des caisses locales. Elles accordent aux caisses locales, pour leurs membres, des prêts à court et à moyen terme. Ces prêts doivent être garantis par des engagements des caisses locales elles-mêmes. Quant au crédit accordé à long terme, il est accordé directement à l'intéressé, mais sur la proposition de la caisse locale. La demande du prêt doit être adressée à la caisse régionale par l'intermédiaire de la caisse locale, qui joint à cette demande les renseignements sur la condition matérielle et la dette du demandeur, et propose le consentement du prêt. Ceci, parce qu'une forte somme d'argent est en jeu quand il s'agit des prêts à long terme ; c'est pourquoi il est nécessaire, pour une répartition plus juste du capital disponible, de centraliser la distribution des crédits. Ces prêts à long terme sont consentis sur garantie de première hypothèque et doivent être remboursés par versements semestriels égaux dans le délai de *vingt-cinq ans* (art. 20).

En ce qui concerne l'institution du bien de famille insaisissable, l'article 40 dispose que les biens économiques achetés au moyen de crédits régis par la présente loi ne peuvent être soumis à la protection de l'article 471 du Code de Procédure Civile de l'ancienne Serbie. Cette garantie est encore renforcée par le devoir qui incombe aux caisses locales de contrôler l'emploi du crédit à long terme et de dénoncer à la caisse régionale tous les changements opérés sur l'immeuble soumis à l'hypothèque.

Il faut mentionner que les associations centrales agricoles qui peuvent faire partie de la caisse régionale ne peuvent obtenir le crédit que directement de la Direction du crédit agricole. Cette disposition crée une inégalité choquante entre les membres d'une caisse régionale, en plaçant les associations agricoles au deuxième plan par rapport aux caisses locales.

Les ressources d'une caisse régionale, en plus du capital initial formé par les parts, sont augmentées : *a*) Par l'épargne des particuliers, confiée en dépôt ; *b*) Par des avances obtenues par la Direction du crédit agricole ; *c*) Par des sommes affectées par les départements, qui doivent être intéressés, autant que l'Etat, au progrès de l'agriculture.

C'est surtout sur les avances obtenues par l'Etat que les caisses régionales peuvent compter dans l'exercice de leur fonction d'intermédiaire. Les demandes d'obtention de crédit, adressées par des caisses régionales, doivent contenir des renseignements relatifs : au dossier des caisses locales affiliées, à la décision de l'assemblée générale contenant la somme maxima pour laquelle la caisse peut s'endetter, au bilan annuel et au compte qui doit être rédigé tous les mois.

Chaque année, la caisse régionale doit présenter son bilan. Les bénéfices nets réalisés sont attribués jusqu'à concurrence des trois quarts à la constitution d'un fonds de réserve et le dernier quart doit être affecté à une œuvre d'intérêt agricole. La plupart des autres dispositions de la loi relatives à l'organisation, les formalités juridiques et la capacité d'emprunter sont absolument identiques à celles que nous avons déjà exposées à propos de l'organisation des caisses locales.

## Section IV

### LA DIRECTION DU CRÉDIT AGRICOLE

La loi du 12 juin 1925 a complété cette organisation en superposant aux caisses locales et régionales une Direction dénommée officiellement « la Direction du crédit agricole ». C'est un établissement public, qui possède une certaine autonomie financière, et qui a pour objet d'assumer l'application des dispositions législatives, relatives à l'organisation du crédit agricole. La fonction de la Direction consiste dans la gestion des sommes qui lui seront allouées par la loi, ou confiées en dépôt par des caisses régionales ou par d'autres personnes. Plus précisément elle a pour mission d'accorder des avances aux caisses régionales et aux autres associations agricoles. De même elle est autorisée à contrôler l'activité de toutes les institutions qui font appel au crédit régi par la présente loi, et à favoriser la constitution des caisses locales.

La Direction est administrée par un conseil, dont les membres sont nommés par décret, sur la proposition du Ministre de l'Agriculture. Il n'y a que les représentants des caisses régionales qui sont élus par leurs assemblées générales. Sur les 11 membres qui entrent de droit au conseil d'administration, il faut compter 7 représentants du Ministère de l'Agriculture et un représentant du Conseil d'Etat, de la Cour des Comptes, de la Banque Nationale et de la Banque Hypothécaire d'Etat. Leur mandat dure quatre ans, mais les fonctions des membres de droit cessent d'office dès qu'ils perdent la qualité de haut fonctionnaire, en raison de laquelle ils y étaient entrés.

Parmi les attributions du conseil d'administration, nous pouvons citer les trois principales : 1° Fixer la proportion dans laquelle les sommes disponibles seront affectées à des avances pour prêts à court terme et à moyen terme, ainsi qu'à des avances pour prêts individuels à long terme. Cette décision doit être soumise à l'approbation du Ministre de l'Agriculture ; 2° Décider sur les emprunts éventuels ; 3° Décider sur l'émission des obligations de la Direction.

Dans son sein, le conseil d'administration élit 9 membres au plus qui composent le *comité exécutif* et 5 membres au plus qui composent le conseil de surveillance. Le premier comité comprend, comme membre de droit, un représentant du Ministère des Finances. C'est le comité exécutif qui dirige toutes les affaires de la Direction d'après les dispositions de la loi, du règlement et d'après les décisions du conseil d'administration. De même, c'est le comité exécutif qui approuve les modifications des statuts des coopératives régionales, décide le consentement de crédit, ainsi que la suppression du crédit aux associations qui n'offrent pas assez de garanties pour le remboursement des prêts, fixe le taux d'intérêt pour les dépôts et les prêts et propose au conseil d'administration le budget de la Direction (art. 80 du règlement).

Le conseil de surveillance contrôle la gestion de la Direction, inspecte la comptabilité et vérifie la caisse. Les vérifications doivent faire l'objet d'un rapport au Ministre de l'Agriculture. En même temps il a le droit de convoquer le conseil d'administration, mais seulement si le comité exécutif ne le fait pas, sur sa demande, dans un délai de sept jours.

Le directeur général, nommé par décret sur la proposition commune du Ministre de l'Agriculture et du Ministre des Finances, est administrateur et ordonnateur de la Direction. Il est assisté d'un directeur adjoint, nommé par le Ministre de l'Agriculture sur la proposition du comité exécutif. Le comité exécutif élit les réviseurs et les autres fonctionnaires dont l'élection doit être confirmée par le Ministre compétent. Il est nécessaire de retenir que les membres des comités respectifs et les fonctionnaires de la Direction n'ont droit à aucun tantième.

Pour permettre à la Direction de répondre aux besoins de crédit des associations qni ont le droit d'y faire appel, l'article 29 de la loi a mis à sa disposition les ressources suivantes :

*a*) 500 millions de dinars comme dotation d'Etat. Cette somme doit être répartie sur le budget d'Etat et versée dans un délai de six ans ;

*b*) 50 % des bénéfices nets réalisés par la Loterie d'Etat ;

*c*) Le capital retenu après la liquidation de l'ancienne Banque agricole de Skoplje ;

*d*) Les divers fonds populaires déjà déposés à la Banque Hypothécaire, ainsi que tous les autres fonds qui devaient être déposés dans cette banque d'après la loi du 30 mars 1922 sur sa réorganisation. L'Etat garantit tous ces fonds auxquels la Direction allouera un intérêt dont le taux ne pourra excéder 4 % ;

*e*) Les sommes qui seraient affectées au crédit agricole par les actes législatifs postérieurs ;

*f*) Les placements d'épargne des particuliers.

En plus de ces ressources régulières, l'article 37 autorise la Direction à émettre des obligations garanties par des biens hypothéqués. Les conditions de l'émission des obligations doivent être fixées par un règlement spécial, émanant du Ministre de l'Agriculture. Enfin, on a pris en considération des parts des sociétaires des caisses de crédit. On était porté à croire que, par les dépôts d'épargne, les sommes réunies de ces différentes manières seraient augmentées, et que la Direction disposant de moyens financiers importants réussirait à satisfaire les besoins de crédit des agriculteurs. En effet, déjà dès le début, on a objecté que la dotation d'Etat représenterait une grosse charge budgétaire et que, d'autre part, il pourrait se produire ce fait que la Direction ne soit plus en état de placer favorablement les grosses sommes d'argent reçues à la fois. Le rédacteur de la loi, prenant exemple sur le système français, a proposé que l'argent destiné à la Direction ne soit pas pris au budget d'Etat, mais directement à celui d'institutions financières, qui, soit en jouissant de gros privilèges, soit en collaborant avec l'Etat, réalisent chaque année des bénéfices importants. Il n'est que très juste que ces bénéfices soient employés, pour une partie du moins, au relèvement de l'agriculture. Ces institutions sont : Banque Nationale, Banque Hypothécaire d'Etat, Caisse Postale et Loterie Nationale. De cette façon, non seulement le budget d'Etat serait libéré de dotations, mais aussi des bénéfices stables seraient assurés à la Direction. Cependant ce projet a été rejeté pour le motif qu'il est nécessaire que les bénéfices desdites institutions entrent tout d'abord dans les caisses d'Etat et ce n'est qu'après qu'ils doivent être transmis à la Direction pour en faire usage. Une brève expérience a démontré les inconvénients de cette dotation, car les bénéfices, une fois entrés dans les caisses d'Etat, grâce aux diverses lois financières, étaient dépensés pour d'autres buts, ce qui a enrayé au début même l'activité de toute l'institution.

L'activité que déploie la Direction du crédit agricole se manifeste de différentes façons : elle peut consentir des crédits à court, à moyen et à long terme, ayant pour durées respectives au maximum un an, huit ans, vingt-cinq ans. En ce qui concerne les garanties exigées et les facilités d'obtenir du crédit, il faut souligner la différence introduite par la loi entre les caisses régionales et d'autres associations agricoles. D'après les prescriptions de l'article 31, la Direction ne pourra consentir auxdites associations que des crédits collectifs à court et à moyen terme. Cette exception faite, la loi prescrit des conditions nouvelles auxquelles doivent satisfaire les associations qui font appel au concours financier de la Direction : 1° Etre autorisées par leurs statuts ou par leurs assemblées à contracter des emprunts ; 2° Elles ne doivent pas réaliser des bénéfices et distribuer des dividendes ; 3° Une partie des membres de leur conseil d'administration doit répondre solidairement de l'emprunt. Au contraire, les garanties exigées des caisses régionales consistent dans les engagements signés par leur conseil d'administration ; 4° Le taux d'intérêt pour les caisses régionales est fixé à 4 %, mais pour les associations agricoles il doit être égal au taux d'escompte de la Banque Nationale. Dernière restriction : les crédits à court et à moyen terme qui pourraient être consentis aux associations agricoles ne pourront jamais excéder 15 % du montant global du crédit.

Pour le crédit à long terme, les différences sont encore plus importantes : 1° Les caisses régionales peuvent obtenir des crédits individuels, c'est-à-dire des crédits pour leurs membres. Les associations agricoles ne peuvent obtenir que des crédits collectifs ; 2° Le crédit à long terme ne peut être consenti qu'aux sociétés coopératives agricoles qui ont pour objet : ou la production, la préparation, la garde et la vente collective des produits agricoles ; ou la construction des centrales électriques et l'installation du courant électrique dans les campagnes. Cette restriction réduit presque au minimum le nombre des coopératives qui peuvent solliciter le crédit à long terme ; 3° L'emprunt consenti aux caisses de crédit est garanti par une inscription hypothécaire sur les biens du membre qui s'est servi de l'argent emprunté. Pour les autres associations, la loi exige que tous les sociétaires soient solidairement responsables de l'emprunt contracté ; 4° Enfin, nous pouvons citer l'article 35, en vertu duquel tout crédit doit être remboursé à la Direction aussitôt que les statuts de ces associations, de l'avis de la Caisse régionale ou de la Direction, seraient modifiés dans un sens tel que cette modification diminuerait les garanties de remboursement du crédit.

La liste des conditions spéciales n'est pas terminée, mais il résulte de tout ce que nous venons de citer que la possibilité d'emprunter, en ce qui concerne les associations agricoles, est réduite au minimum. Il est nécessaire de connaître les faits exposés, pour pouvoir comprendre et justifier les vives protestations que la nouvelle organisation du crédit agricole a soulevées auprès des fédérations et unions des coopératives.

En vue de faciliter le développement et de réduire les frais d'action des installations créées par la présente loi, l'article 41 institue plusieurs privilèges en leur faveur. Ainsi ces institutions sont exemptes de toutes les taxes pour les actes qu'elles auront à passer devant les autorités publiques, des taxes postales et judiciaires et de tous les impôts et centimes additionnels. Ces privilèges accordés par la loi s'expliquent facilement, puisqu'on se trouve en présence des associations qui n'ont pas, à proprement parler, de bénéfices. Les dispositions concernant la constitution du fonds de réserve sont les mêmes que celles concernant les caisses régionales, sauf dans le cas où ce fonds atteindra la somme de 50 millions de dinars ; le surplus sera utilisé pour la distribution des diverses sortes de crédit.

Nous terminerons cet exposé un peu long par les propres termes du rédacteur de la loi qui a écrit : « Le but du législateur était de réunir toutes les coopératives de crédit dans un cercle autour d'une institution centrale et de les soumettre aux mêmes prescriptions de la loi pour qu'une seule et unique politique du crédit puisse être réalisée de cette façon dans l'esprit de l'Unité nationale. Cette politique doit être non seulement *marquée*, mais appliquée et réalisée, avec le concours des coopératives locales et régionales, par la Direction du crédit agricole, qui sera le pilier de la coopération » (1).

(1) Stoïkovitch : *Devant l'application de la loi sur le crédit agricole*, p. 37.

CHAPITRE III

## L'opposition faite à la loi du 12 juin 1925

Les pages suivantes seront consacrées à l'exposé des principales objections faites à la présente loi, ainsi qu'à la comparaison entre le système adopté par le législateur yougoslave et l'organisation du crédit agricole, introduite en France par des lois successives depuis 1894 jusqu'en 1920. Nous terminerons par un aperçu critique sur les résultats obtenus par la Direction pendant sa courte existence.

Pendant les débats à la Chambre des députés, le projet de loi sur le crédit agricole a été sévèrement critiqué et un membre de l'opposition proposa de renvoyer le projet devant la commission législative pour un nouvel examen. Les orateurs déclarèrent expressément que le projet n'était passé devant aucun bureau compétent et que les motifs politiques avaient joué un rôle plus important que les motifs économiques. Malgré une critique sévère et documentée, la loi a été votée et dès lors il a fallu immédiatement entreprendre les mesures nécessaires pour sa mise en vigueur.

Pourtant les adversaires de la solution adoptée ne désarmèrent point, et la bataille continua par la voie de la presse, des conférences et des résolutions d'unions coopératives. La mise en vigueur de la loi s'accomplissait très lentement, comme nous le verrons plus tard, et il semblait que la nouvelle organisation du crédit n'obtiendrait pas les résultats auxquels on pouvait s'attendre. Les principaux arguments, évoqués à l'occasion des débats parlementaires et même après la mise en vigueur de la loi, consistaient en ceci :

La loi interrompt le développement normal de la coopération du crédit, en créant, à l'encontre de la coopération indépendante déjà constituée, une coopération étatiste et privilégiée. La loi a régulièrement adopté l'opinion d'après laquelle le consentement du crédit agricole doit se faire uniquement par l'intermédiaire des institutions de crédit qui sont plus près de l'agriculteur et qui garantissent d'autre part tant le remboursement de l'emprunt que son emploi régulier. C'est avec raison qu'on espérait, d'après ce point de vue, que serait accepté l'appareil coopératif existant qui, en disposant de moyens matériels plus importants, accomplirait avec plus d'efficacité la fonction pour laquelle il avait été organisé. Cependant, la loi institue un organisme de crédit entièrement nouveau à trois étages dans lequel les crédits seront distribués par la coopérative locale, prise comme unité de base du nouveau système.

Le fondement de cette solution a été défendu, au cours des débats à la Chambre des députés, par le ministre compétent qui déclara que les organisations de crédit existantes ne pouvaient pas être exploitées parce qu'elles étaient formées en vertu des diverses lois passées, et parce que, dans la majorité des cas, elles groupaient les agriculteurs sur une base politique et religieuse. En insistant sur les désavantages de la coopération existante, le ministre affirma « qu'elles sont l'expression du passé, qu'elles portent en soi la marque de l'ancien temps pendant que l'ennemi gouvernait encore notre pays. Si nous employions ces unions et leurs organisations et coopératives, nous finirions, en offrant des moyens abondants pour la réalisation du crédit agricole, par ruiner l'idée fondamentale d'Etat que nous professons ». Nous trouvons la même opinion, mais avec un peu plus de précision, dans un livre où le rédacteur de la loi a motivé le principe du système proposé. En considérant que dans l'état actuel de l'agriculture, l'aide de l'Etat est indispensable pour l'organisation du crédit agricole, M. Stoïkovitch affirme qu'on aboutira, par la participation des deniers publics aux unions des coopératives existantes, à enflammer les luttes religieuses, régionales et politiques.

Ensuite, parmi les raisons qui n'influent pas sur les coopératives déjà constituées, en vertu de la nouvelle loi, nous trouvons également celles-ci :

*a*) Les unions existantes des coopératives agricoles réunissent non seulement les coopératives de crédit, mais aussi celles d'achat et toutes autres sortes de coopératives. C'est pourquoi elles ne pourraient pas être immédiatement employées pour les opérations de crédit par suite du manque de personnel compétent et de l'organisation technique.

*b*) Par le retrait des coopératives de crédit de la sphère d'activité des unions formées, la spécialisation sera facilitée dans la coopération. Tous les moyens matériels, dont disposent ces unions, seront employés pour la formation d'autres types de coopératives : d'achat, de consommation et de production. La création des nouvelles formes de coopératives sera utile au progrès de l'agriculture tout entière.

*c*) Les coopératives ne sont pas développées dans toutes les régions du pays, ce qui signifie que, si le crédit était distribué par les coopératives, les régions les plus pauvres resteraient sans crédit. Donc, pour qu'une répartition régulière du crédit soit organisée, l'Etat prend l'initiative de créer des organisations nouvelles.

D'après les motifs ci-dessus exposés, le projet de loi prévoit la fondation d'une institution tout à fait nouvelle sur la base coopérative, mais cette coopération, créée dans des circonstances nouvelles, sera libérée de toute influence séparatiste et religieuse. Cette organisation serait plus près de l'agriculteur et pourrait faire dévier les capitaux du centre et les faire venir ainsi par les caisses régionales et locales aux agriculteurs auxquels le crédit est destiné. Les coopératives de crédit existantes auront à se joindre graduellement à la nouvelle institution, si bien que le consentement du crédit sera exécuté par une centralisation et suivant un plan bien tracé. On a cru que cette solution allait concilier aussi bien le point de vue des défenseurs de la banque agraire d'Etat que le point de vue des partisans du mouvement coopératif.

Si nous soumettons ces affirmations à la critique, nous verrons qu'elles sont partiellement exactes et que la conclusion faite est foncièrement fausse. Nous n'ignorons point que le mouvement coopératif en Serbie est né de la lutte contre les usuriers, et, dans d'autres régions, de la lutte engagée à la fois contre le capital hongrois et allemand. A côté du rôle économique, les coopératives ont rempli un rôle national immense en résistant énergiquement à l'assimilation des occupants matériellement plus forts.

Après la guerre, dans l'Etat unifié, l'énorme majorité des unions coopératives régionales se sont groupées en une Fédération coopérative centrale qui ne s'était jamais occupée de politique. Cette institution coopérative centrale a groupé les coopératives serbes, croates et slovènes, en un mot les coopératives de tout le pays, sans tenir compte de la race ni de la religion : musulmane, orthodoxe ou catholique. Et si, malgré cela, il est des cas où l'influence politique et religieuse joue un rôle quelconque dans certaines opérations, cela ne veut nullement dire que ces coopératives doivent être persécutées par la loi. Nous sommes d'avis que la coopérative, à la différence de la société par actions qui n'est que l'association des capitaux, est la réunion des personnes basée sur la responsabilité solidaire et la confiance mutuelle. Il n'est pas rare, bien que ce ne soit pas recommandable, qu'un certain nombre de coopératives s'instituent, guidées par des intérêts économiques et basées sur des liens régionaux, religieux et politiques.

Cela peut se produire surtout là où les coopératives, dans le passé, devaient tenir compte aussi des circonstances politiques et résister à l'assimilation étrangère, en affermissant la conscience nationale de leurs membres. La coopérative a cette qualité propre de grouper les personnes qui se connaissent bien et qui peuvent agir en considération de la confiance réciproque, mais leur activité ne doit pas avoir un caractère politique. Surtout, comme l'a bien expliqué M. Baïkitch en 1928 : « Dans un pays démocratique, comme le nôtre, où existent les institutions religieuses reconnues par la loi (communautés religieuses) et les organisations politiques (partis politiques), nul ne pourra prétendre faire de la politique en se servant des coopératives. Que gagnerait donc le Croate, s'il faisait de la politique au sein des coopératives, puisqu'il peut la faire dans des réunions, au café et au siège de son parti politique ? » (1).

Le fait de justifier la solution d'un problème économique par des arguments politiques démontre qu'on n'a pas agi selon les règles. En outre, nous n'ignorons point que le parti, qui a voté la loi de 1925, n'avait pas une grande influence au sein des unions coopératives, puis on peut douter qu'on ait agi à seule fin de former une nouvelle coopération qui servirait les intérêts des partis. A l'appui de cette affirmation, il allègue aussi l'article 9 qui prescrit que dans une commune ne peuvent pas coexister deux coopératives, et surtout si on prend en considération l'article 10 qui donne pleins pouvoirs à la Direction ou, plus tard, à la coopérative régionale qui pourra décider laquelle des deux coopératives existantes sera acceptée comme membre. Il est hors de doute qu'il vaut mieux que tous les coopérateurs d'un lieu s'unissent en une seule coopérative, mais cette unité ne pourra pas être atteinte par les rigueurs de la loi. A cette occasion, nous trouvons cette opinion assez intéressante : « Au début, il sera certainement contraire à l'habitude de vivre sous le régime de cette loi, cette fusion imposée

(1) Baïkitch : *Le crédit paysan*, p. 42.

de diverses formations nationales, religieuses et de parti, mais le peuple finira par s'habituer peu à peu et se sentira, en tout cas, plus à son aise, car de cette façon il aura plus d'intérêt que jusqu'ici, vivant séparément » (1).

Il est plus probable que cette méthode obtiendrait un effet contraire et que la lutte politique serait introduite à l'intérieur des organisations coopératives. La coopération a ses principes que l'on ne doit pas détruire. Ces principes reposent souvent sur une base morale et ne peuvent pas être régularisés par la loi. Précisément pour cette raison il est nécessaire que, dans les régions où la division politique est importante, on n'insiste pas sur la nécessité de la fusion des coopératives par la loi.

Finalement, nous sommes obligés de remarquer, au sujet de ce même argument, qu'il est illogique d'affirmer qu'avec la participation de l'argent public aux coopératives de crédit se propagerait la haine politique, du moment qu'on donne simultanément la possibilité à d'autres types de coopératives de se prévaloir de l'argent public. Il n'est pas possible que l'argument sur le caractère politique des coopératives puisse être appliqué uniquement aux coopératives de crédit.

L'affirmation que les unions coopératives existantes n'ont pas d'organisation technique nécessaire pour les affaires de crédit peut être exacte. Seulement il faut reconnaître qu'il est plus facile de préparer, moyennant les liens dont on dispose, la réorganisation de l'administration et la formation du personnel technique que de créer entièrement une organisation nouvelle.

On ne peut pas affirmer qu'avec l'élimination des coopératives de crédit hors des unions coopératives s'accélérerait la spécialisation dans la coopération. Il est incontestable que la spécialisation dans la coopération est la conséquence du progrès matériel et cultural des agriculteurs. Dans notre coopéra-

(1) Stoïkovitch : *O. c.*, p. 33.

tion, 56 % de la totalité des coopératives revient à la coopération de crédit. Cela veut dire simplement que le besoin se fait sentir de ce type de coopérative le plus primitif, ou, en d'autres termes, qu'il faut prêter la plus grande attention aux coopératives de crédit qui servent de base pour le progrès postérieur et la spécialisation.

A l'affirmation que les coopératives n'existent pas dans toutes les régions du pays et que ces régions, si le crédit était distribué par les coopératives, seraient privées de crédit, il n'est pas difficile de répondre. La coopérative se présente comme une nécessité économique au moment où l'agriculteur sort de l'isolement et se joint au marché monétaire. C'est pourquoi il est fort compréhensible que les coopératives se manifestent davantage dans les régions économiquement développées. Si les coopératives n'apparaissent pas dans une région, cela prouve que cette région est économiquement arriérée, bien qu'il y ait des cas où cette apparition pourrait être attribuée au manque d'initiative privée, sinon à la pénurie matérielle de la population. Ces régions sont rares dans notre pays (Monténégro, Serbie du Sud), mais là aussi le remède n'est pas introuvable, sans toutefois toucher à la coopération déjà constituée. On eût pu, par exemple, spécifier dans le règlement que les coopératives régionales, c'est-à-dire la Direction, pourront distribuer des crédits individuels dans les régions où les coopératives n'existent pas.

En vérité, les institutions coopératives n'ont pas réussi à résoudre jusqu'au bout, par leurs propres moyens, le problème du crédit agricole, mais une telle réussite ne se trouve pas même dans les pays où le mouvement coopératif est extrêmement fort et développé. En tout cas, nous ne pouvons contester que les coopératives yougoslaves aient obtenu de bons résultats sur le terrain du crédit agricole. L'Etat a été appelé à consolider par son intervention le mouvement coopératif, au lieu de le diviser ou l'affaiblir. On ne pourrait contester non plus que les coopératives constituées par l'initiative privée ont beaucoup plus d'autorité morale que les coopératives fondées sous la protection de l'Etat et par l'argent public. Les premières sont le résultat de plus de trente ans de travail et de dévouement et la plus grande réalisation de l'initiative privée dans notre pays. Le moins que puissent réclamer ces coopératives, c'est qu'on leur donne, en vertu de la nouvelle loi, les mêmes droits et privilèges qui sont accordés aux caisses de crédit agricole.

Selon l'opinion unanime des représentants d'unions coopératives, cette loi contient en soi tous les défauts d'une loi politique qui cherche à créer la dépendance politique des agriculteurs. L'esprit politique du système adopté s'est surtout exprimé dans les prescriptions postérieures, inscrites au règlement en vue de l'exécution de la loi et dans les statuts des caisses de crédit. Ainsi, il a été résolu que le Ministre de l'Agriculture décidera chaque année, et sur la proposition du conseil d'administration de la Direction, quel sera le pourcentage consenti de la totalité du crédit pour les crédits à court, à moyen et à long terme. Les deux premières sortes de crédit ne peuvent pas être accordées aux Unions coopératives au-dessus du montant de 15 % du capital disponible. A part ces restrictions les prêts destinés aux coopératives sont collectifs ou les gages des papiers de valeur et sont accordés en vertu de la responsabilité solidaire illimitée ; en outre, les prêts à long terme sont hypothécaires. Le taux d'intérêt des prêts consentis aux coopératives est plus élevé que le taux des prêts accordés aux caisses de crédit. Il est évident que cette différence des privilèges favorise la nouvelle coopération au détriment de l'ancienne qui est à liquider.

L'indépendance de la Direction n'existe pas, car les membres du conseil d'administration sont nommés par le Conseil des Ministres, excepté les délégués des caisses régionales, qui, en somme au début n'existeraient même pas. Le ministre confirme le choix des fonctionnaires et prescrit le règlement. D'où il résulte que l'article 35 du règlement a donné le droit à la

Direction de dissoudre une coopérative, bien que la loi ait donné compétence au tribunal pour la question de la cessation d'une coopérative. Le principe de la coopération a été gravement lésé par les statuts des caisses locales. Ainsi l'article 17 prévoit que la personne que le conseil d'administration de la caisse locale a refusé d'accepter comme membre pourra porter plainte à la caisse régionale, qui rend une décision définitive. Donc le danger existe que, malgré les coopérateurs, soient acceptées dans la coopérative les personnes qui n'offrent pas assez de garanties, et dont les obligations seront garanties solidairement par les coopérateurs sur leurs biens.

Voilà, en traits essentiels, les raisons qui ont motivé les protestations des coopérateurs du pays tout entier contre la nouvelle organisation du crédit agricole. Nous estimons que ces protestations étaient en grande partie justifiées et qu'il aurait fallu tenir compte des propositions déjà acquises sur le terrain économique. On n'aurait pas dû imposer une loi que les coopérateurs, c'est-à-dire les plus qualifiés, ne voulaient pas accepter.

En résumé, les promoteurs de la loi du 12 juin 1925 ont commis, à notre avis, deux fautes principales. Ils n'ont pas pris en considération une force vivante et combative, incorporée dans les coopératives agricoles. D'autre part, ils ont amené la discussion d'un problème économique sur le terrain politique. Le résultat, ce fut que la loi avait dès le commencement de son application une mauvaise réputation, et que la nouvelle organisation du crédit agricole ne tarda pas à céder la place à la Banque Agricole Privilégiée.

---

CHAPITRE IV

# La loi du 12 juin 1925 et le système du Crédit agricole en France

Les défenseurs de la solution appliquée par la loi du 12 juin 1925 affirmèrent souvent que ladite loi n'est que la copie de l'organisation du crédit agricole en France, complétée par la loi du 5 août 1920. D'après la même affirmation l'Etat a seulement donné l'initiative, tout en respectant les principes coopératifs, parce que c'est une organisation qui part d'en bas et dont l'activité dépend des particuliers qui doivent s'associer pour profiter de l'appui financier de l'Etat. Cela devrait être « la même organisation que celle qui existe et agit efficacement en France, et aujourd'hui nous empruntons le même système comme base de l'organisation que nous avons adoptée et complétée par certaines corrections qui répondent davantage à nos circonstances économiques » (1).

Nous considérons que l'analogie entre ces deux lois est seulement formelle et qu'elles se distinguent en réalité par le milieu auquel elles s'appliquent, par les besoins auxquels elles sont destinées, et ensuite par la manière dont elles sont organisées. En vue de faciliter la comparaison entre ces deux systèmes, nous sommes amené à résumer en quelques lignes l'évolution accomplie en France dans l'organisation du crédit agricole.

La loi du 28 juillet 1860 instituait une banque centrale qui

(1) Compte rendu de la Chambre des Députés, mai 1925, p. 255 ; Discours du rapporteur de la loi.

avait pour but l'escompte du papier agricole. Les frais d'administration étaient couverts par une subvention, et un intérêt minimum de 4 % était garanti par l'Etat au capital social versé. A cause de la centralisation excessive de ses services, la banque était trop éloignée des agriculteurs, et n'ayant pas trouvé l'emploi de ses capitaux chez des agriculteurs, dans l'escompte des papiers agricoles, elle s'était lancée dans des opérations hasardeuses. Amenée à la ruine, elle a dû liquider en 1876. Après cette expérience coûteuse pour le Trésor, l'organisation du crédit agricole fut abandonnée à l'initiative privée.

Ce n'est qu'en 1893 qu'un projet de loi sur la création d'une Société de crédit agricole fut soumis à la Chambre. Ce projet ne fut pas accepté, parce « qu'en 1893 les institutions élémentaires de crédit agricole et populaire n'étaient pas assez nombreuses pour faire vivre une grande banque centrale ». Ainsi la conception d'une banque centrale fut définitivement repoussée et quelques mois plus tard fut votée la loi du 5 novembre 1894, sur les sociétés de crédit agricole mutuel. « La loi de 1894 consacre définitivement l'idée, affirmée par l'expérience, que les entreprises, visant à l'organisation du crédit rural, doivent être commencées par la base, et que l'association, facteur essentiel des progrès agraires, est seule susceptible de procurer les solutions nécessaires » (1). Le rôle principal de ces sociétés de crédit consistait à cautionner les engagements des agriculteurs et dans une moindre mesure à accorder des avances pour l'exploitation de la terre. Il sera très utile de constater que ces sociétés auxquelles la loi attribuait certaines faveurs avaient le droit d'accorder des prêts et d'entrer en relation avec des agriculteurs affiliés à un syndicat étranger à la société.

Quelques années plus tard, et après que la loi du 17 novembre 1897 eut assuré aux institutions de crédit agricole une dotation de quarante millions et une redevance annuelle, fut votée la loi du 31 mars 1899 sur l'organisation des caisses régionales.

(1) Soustelle : *Le problème du crédit agricole en France*, p. 129, 118.

Cette loi n'était que le développement nécessaire et logique de l'organisation fondée en 1894. Les mêmes principes de mutualité étaient conservés, mais à la différence de la loi de 1894 qui permettait les modes les plus variés de groupements mutualistes, la loi de 1899 disposait que les caisses régionales seraient toutes du même type. A ce moment se posait la même question que celle qui fut posée 25 ans plus tard en Yougoslavie, à savoir quelle était d'après la nouvelle loi la situation des sociétés de crédit mutuel, fondées en vertu de la loi de 1867. Il existait un projet d'après lequel seules les sociétés de crédit, instituées sous l'empire de la loi de 1894, pouvaient devenir membres des caisses régionales et que, par conséquent, les autres coopératives seraient exclues du bénéfice accordé par l'Etat. A ce propos, nous pouvons citer une opinion bien définie qui, par rapport à notre pays, pourrait être de toute actualité : « Les sociétés de crédit agricole, a-t-on dit, régies par le droit commun, sont les plus nombreuses ; elles ont donné des résultats satisfaisants, leur prospérité croissante marque le progrès de l'idée mutualiste, appliquée au crédit agricole. Autant que toutes autres, ces institutions méritent les encouragements et les faveurs de l'Etat » (1).

En s'appuyant sur l'article 2 qui appelait aux bénéfices de la loi les sociétés locales de crédit agricole sans spécifier quel devait être leur régime, l'explication était donnée en faveur des coopératives de droit commun. Grâce à cet esprit de tolérance et de justice, une grave question était résolue. Dorénavant toutes les fois que les coopératives interviendraient à l'occasion d'une opération agricole, elles seraient admises au bénéfice des libéralités instituées en faveur de l'agriculture. Il faut ajouter que l'affiliation aux coopératives régionales n'était nullement compliquée ; il s'agissait plutôt de certaines formalités faciles à accepter.

Enfin, nous arrivons à la loi du 5 août 1920, qui a codifié

(1) Soustelle : *O. c.*, p. 143-144.

toute la législation relative au crédit agricole, et institué un office central, aujourd'hui dénommé Caisse Nationale de crédit agricole. La Caisse Nationale est installée à Paris et a pour objet de gérer la dotation du crédit agricole. C'est un établissement public, possédant l'autonomie financière, auquel sont rattachés les services centraux du crédit, de la coopération et de la mutualité agricoles, appartenant au Ministère de l'Agriculture.

L'exemple exposé est très clair. C'est par une marche ascendante, après la création d'une mutualité locale, puis régionale, qu'on est arrivé à l'institution centrale. On peut dire que l'institution de la Caisse Nationale n'a été que le couronnement d'un édifice déjà fortement constitué à sa base.

Par conséquent, si le système adopté par le législateur yougoslave avait été vraiment analogue au système français, il aurait fallu organiser tout d'abord les caisses locales, puis régionales et ensuite la Direction du crédit agricole. Malheureusement, cet ordre dans la création de la nouvelle organisation ne pouvait pas être suivi. On a commencé à l'opposé par la fondation de la Direction, qui avait pour but de développer et organiser le reste. C'est par en haut qu'on a commencé, et forcément parce qu'on a voulu faire d'un seul coup ce qu'on a fait en France pendant plus d'un quart de siècle. Voilà une preuve éclatante qui démontre que le système adopté par le législateur n'a été qu'une mauvaise copie du système français. Par une évolution logique et par étapes on est arrivé en France jusqu'à la loi de 1920. Mais si l'on veut copier le système français, c'est vers 1894 et 1899 qu'il faut remonter.

Au commencement de notre ouvrage nous avons indiqué les raisons pour lesquelles le mouvement coopératif est né si tardivement en France. En effet, la première des sociétés de crédit agricole date de 1855 ; elles furent lentes à se mettre en route. Dans ce lent développement des coopératives nous trouvons les raisons qui ont provoqué l'élaboration de la loi de 1894.

Dans des circonstances toutefois différentes, le législateur yougoslave avait à résoudre le problème de l'organisation du crédit agricole. Il a dû prendre en considération les coopératives qui s'étaient formées et conservées par leurs propres moyens, sans l'aide de l'Etat. La première coopérative de crédit a été fondée en Slovénie, en 1874 ; en Serbie, en 1894 ; et un peu plus tard se forment de même les coopératives de crédit dans d'autres régions. Au début de l'année 1922, il y avait en Yougoslavie 2.470 coopératives de crédit, avec 423.000 membres, en chiffres ronds. Les intérêts économiques régulièrement compris imposaient que ces coopératives fussent la base de la nouvelle loi. La solution logique consistait à fonder une coopérative centrale qui eût adapté ses opérations financières aux conditions spéciales du crédit agricole. Contrairement à cette méthode la loi de 1925 fut votée, qui instituait une organisation nouvelle, mais éphémère, parce qu'elle était fondée sur une conception abandonnée et condamnée par les expériences des autres pays.

---

## CHAPITRE V

# La courte existence de la Direction du Crédit agricole

La mise en application de la loi du 12 juin 1925 se heurtait à de grandes difficultés. L'organisation devait commencer par la nomination dans un délai de trois mois, à partir de la publication de la loi, d'un conseil d'administration provisoire de la Direction. Ce conseil avait pour devoir d'exécuter les travaux préparatoires pour la constitution des caisses de crédit, et il cesserait d'être provisoire au moment où cinq représentants des caisses régionales y seraient entrés (art. 44). Sitôt après sa constitution, le 2 juillet 1925, le conseil d'administration avait élaboré le règlement pour l'exécution de la loi, confirmé par le Ministre de l'Agriculture le 18 décembre 1925. Depuis on a élaboré et publié les statuts uniformes pour le fonctionnement des caisses locales et régionales. Ces travaux terminés, le conseil avait nommé le personnel de la Direction. Cette nomination devait être confirmée par le Ministre de l'Agriculture, mais le Ministre se refusa à le faire, faisant savoir qu'il avait l'intention d'apporter certains changements à la loi. Ainsi l'année 1926 passa dans l'incertitude et l'inactivité. Ce « freinage » officiel de la marche de la nouvelle organisation s'est fait moins sentir en 1927, mais cette année non plus on n'alla pas plus loin, sauf dans l'organisation intérieure de la Direction.

Le début pénible de la nouvelle organisation avait pour cause l'opposition des partis politiques, des Unions coopératives, ainsi que le sabotage de certains ministres, qui n'étaient pas d'accord pour la solution adoptée. Liée administrativement et financièrement avec le pouvoir politique dans ses opérations, la Direction du crédit agricole a passé par toutes les péripéties de l'incertitude politique qui régnait à cette époque dans le pays. Le rédacteur de la loi, croyant sincèrement que la Direction allait donner de bons résultats, en très peu de temps, a écrit désabusé : « Cette loi a été combattue même par l'Etat qui était tout désigné pour la respecter et l'appliquer. Comment donc expliquer autrement ce fait que durant deux ans sa mise en vigueur a été ajournée et que, malgré les prescriptions formelles de la loi au sujet des sommes d'argent que l'Etat était obligé de donner en vue du crédit agricole, ces sommes étaient supprimées du budget, ou de moitié moins prévues au budget » (1) ?

En vérité, d'après l'article 29 de la loi, la Direction devait recevoir du Ministère de l'Agriculture les ressources suivantes :

| | | |
|---|---|---|
| Pour l'année budgétaire | 1925/26....... | 50.000.000 de dinars. |
| — — — | 1926/27....... | 50.000.000 |
| — — — | 1927/28....... | 100.000.000 |
| | Total....... | 200.000.000 de dinars. |

A la date du 31 décembre 1927, la Direction n'avait reçu que 54.000.000 de dinars.

Cette grave accusation portée contre le pouvoir public est entièrement justifiée, et en même temps elle démontre irréfutablement qu'il est assez aisé d'exercer une influence politique sur la nouvelle institution. Il en est tout à fait autrement en ce qui concerne les coopératives qui manient l'argent qu'elles acquièrent à l'aide de leurs propres efforts. Cet intérêt économique régularise l'activité des coopératives, tandis que l'intérêt politique n'apparaît même pas, n'ayant aucun intérêt pra-

(1) *Politika*, 17 mai 1928.

tique. Cependant, les caisses locales, prévues par la loi, manient généralement l'argent public et dans des conditions très favorables. C'est une occasion où l'on peut, par des liens politiques, obtenir un avantage matériel, et les prescriptions de la loi, comme nous l'avons exposé, ne garantissent pas assez que la nouvelle institution ne puisse être exploitée dans des desseins politiques. Il faut reconnaître que les dirigeants de la Direction avaient agi très correctement et brisé avec soin tous les abus politiques, mais c'était une action supplémentaire, ne relevant point de la compétence d'un établissement central de crédit.

Malgré les difficultés indiquées, le travail sur la fondation des caisses de crédit a notablement progressé, grâce à la propagande active de la Direction elle-même, et à la nécessité du crédit que l'agriculture n'a cessé d'éprouver. Ainsi, à la fin de 1928, le nombre des caisses locales monte à 952. On a vite constaté que la fondation des caisses de crédit ne s'accomplissait pas en proportion avec les moyens financiers dont disposait la Direction. Au lieu de 500 millions prévus, l'Etat a versé en tout 113 millions, la Loterie d'Etat 2.210.602 de dinars en tout, et la Banque Hypothécaire d'Etat n'avait transporté jusqu'à la fin de l'année 1928 aucun des fonds publics, comme il a été prévu par la loi.

Le tableau suivant nous montrera le développement des caisses de crédit jusqu'au 15 août 1929, date à laquelle la Direction du crédit agricole a cessé de fonctionner comme établissement indépendant :

| Caisse régionale | Caisses locales | | |
|---|---|---|---|
| — | constituées | autorisées | enregistrées |
| Belgrad | 366 | 334 | 301 |
| Zagreb | 77 | 67 | 62 |
| Sarajevo | 138 | 123 | 108 |
| Skoplje | 127 | 113 | 104 |
| Split | 123 | 119 | 114 |
| Cuprija | 389 | 357 | 344 |
| Total à la fin de 1928. | 1.220 | 1.113 | 1.033 |

Dans le bilan présenté par la Direction le 27 août 1929, le jour de sa liquidation, nous pouvons constater que le total des sommes confiées en dépôt représente 233.913.273 dinars. Cette somme est presque le double de la dotation de l'Etat, et sans aucun doute un succès remarquable, mais les sollicitations du crédit augmentaient sans cesse et on s'est vite aperçu que les ressources dont disposait la Direction n'étaient pas suffisantes. La Direction n'a pas pu satisfaire les sollicitations des caisses locales et régionales, qui étaient fondées exactement pour procurer du crédit à bon marché. Cette situation a été encore plus aggravée par les prescriptions d'après lesquelles les caisses locales peuvent s'endetter seulement auprès des caisses régionales et celles-ci auprès de la Direction. D'après ce système, si l'institution centrale, en ce cas la Direction, n'a pas suffisamment de moyens financiers, alors tout l'appareil coopératif est condamné à l'inactivité.

L'Etat ne remplissait pas ses obligations, et la Direction ne pouvait pas contracter d'emprunt auprès des établissements financiers, car elle n'était pas organisée à l'instar d'un établissement financier, ayant la capacité de crédit indépendante. En présence de ces difficultés, les hommes compétents, auxquels était confiée l'administration de la Direction, dressèrent un projet sur les modifications de la loi de 1925. Ces modifications devaient être exécutées en vue de la réorganisation de la Direction, suivant les règles qui régissent les opérations financières. D'après les prescriptions existantes, les débiteurs des coopératives locales émettent les obligations à garantie pour l'argent reçu. Ces obligations ne peuvent être réescomptées. De cette façon la Direction épuise vite les moyens disponibles, car elle n'a pas de possibilité d'exercer le réescompte de son portefeuille et d'arriver à des moyens nouveaux. Le compromis avec les grands établissements de crédit au sujet du réescompte du portefeuille n'est pas réalisable, par suite du taux d'intérêt peu élevé que la loi a fixé pour les opérations de la Direction.

D'après l'article 30 la Direction ne peut pas élever le taux d'escompte sur les crédits consentis aux caisses régionales, au-dessus de 4 % (pour les crédits à court et à moyen terme), et au-dessus de 3 % (pour les crédits à long terme). Ce faible taux d'intérêt rend impossible toute action de la Direction pour avoir des moyens financiers autres que les siens, ni par les épargnes, mises en dépôt, ni par les emprunts contractés sur le marché monétaire. Cela prouve qu'on ne peut pas régulariser le taux d'intérêt par la loi, spécialement à une époque où l'Etat n'a pas assez de capital pour satisfaire les besoins de crédit des agriculteurs. Dans ces conditions, la Direction est obligée de s'adresser au marché monétaire ; c'est pourquoi il faut lui donner la possibilité, par la suppression du taux d'intérêt maximum, d'adapter ses opérations aux circonstances du marché. Il est injuste de permettre qu'un petit nombre d'agriculteurs privilégiés contracte des emprunts à un taux d'intérêt minimum, tandis qu'à cause de cela l'énorme majorité des agriculteurs ont recours à des usuriers et se voient obligés de payer 20 à 30 % sur les emprunts contractés. Cette inégalité crée le mécontentement dans le peuple, et fait pénétrer la corruption dans la gestion des deniers publics.

Ainsi le court fonctionnement de la Direction du crédit agricole a démontré que l'institution nouvelle porte en soi des défauts capitaux, et nous pouvons conclure notre exposé par cet avis d'une haute compétence : « Les défauts fondamentaux de la loi sur le crédit agricole nient la coopération existante, par la constitution des coopératives locales artificielles, dont le but est uniquement le crédit à bon marché ; par le dédain de la lettre de change comme instrument de crédit et par la fixation du taux d'intérêt maximum, tant pour la Direction que pour les coopératives locales » (1).

(1) *Politika*, 20 décembre 1928.

# QUATRIÈME PARTIE

## CHAPITRE PREMIER

## La question des dettes paysannes

Les insuccès de la Direction pour le crédit agricole et la mauvaise récolte de l'année 1927 ont mis à l'ordre du jour le problème des dettes paysannes. On affirmait que le paysan était écrasé de dettes et que seule une intervention urgente de l'Etat pouvait le sauver du danger imminent. Cette thèse a trouvé d'ardents défenseurs surtout dans les milieux politiques et c'est pourquoi trois projets avaient été soumis au parlement sur la façon d'alléger les dettes paysannes. Comme la question avait été posée dans une atmosphère qui présageait de nouvelles élections législatives, il semblait qu'il s'agissait plutôt de satisfaire à la démagogie qu'aux besoins réels des agriculteurs endettés. Dans la discussion la parole appartenait d'une part aux politiciens et d'autre part aux représentants des banques et des institutions de crédit. Par égard pour la vérité, il faut reconnaître que les représentants des banques ont su le mieux défendre leur thèse, fondée sur le respect des liens de droit existant dans un Etat qui a reconnu l'inviolabilité de la propriété privée. Ils admettaient qu'il pût être question d'une intervention de l'Etat, lorsqu'il s'agissait de problèmes ayant le caractère de problèmes publics et sociaux. Dans le cas qui nous occupe, il s'agissait, toujours d'après les mêmes milieux bancaires, de l'endettement de l'agriculteur dans certaines contrées, donc d'un fait local, et par suite l'intervention risquerait d'être nuisible pour l'autre partie des agriculteurs, plus grande celle-là, qui répond à ses obligations de débiteur. Les politiciens, eux, avançaient que le paysan a fait l'Etat, que l'Etat se doit de protéger les agriculteurs ruinés par les usuriers, que les établissements monétaires de l'Etat, comme la Banque Nationale et la Banque Hypothécaire de l'Etat, sont inaccessibles aux agriculteurs et, enfin, que l'absence d'un programme agraire chez tous les gouvernements a acculé les agriculteurs à la ruine.

Nous exposerons brièvement l'essentiel du projet de loi du 31 mai 1928 sur l'allégement des dettes paysannes. Nous choisissons ce troisième projet parce qu'il est dû à l'initiative d'un membre de la majorité gouvernementale et qu'il avait eu par la suite le plus de chances d'être voté par le Parlement. Le projet, qui comporte plus de 50 articles, est divisé en trois parties :

*a*) La plus importante est la première partie qui a trait à la liquidation des dettes paysannes actuellement existantes. L'on prévoit le moratorium pour toutes sortes de prêts où les créditeurs ne sont des établissements monétaires de l'Etat ou les coopératives agricoles. Ces dettes doivent être payées dans un délai de cinq ans, avec paiement de 20 % chaque année, et ne doivent pas être grevées de plus de 14 % dans les banques et de plus de 12 % chez les autres créditeurs. Il est intéressant de remarquer que le projet a beaucoup plus d'égards envers les intérêts des établissements monétaires qu'envers les intérêts d'autres créditeurs. Pour que les établissements monétaires ne tombent pas dans une situation critique, l'on prévoit que des comptes-courants leur seront ouverts à la Banque Hypothécaire d'Etat dans la proportion de 80 % de la valeur des traites agricoles, c'est-à-dire de ces crédits dont le paiement doit s'effectuer dans le délai de cinq ans. Sur des crédits acquis de la sorte, les banques auraient à payer 5 % d'intérêt par an et devraient régler leurs obligations envers la Banque Hypothécaire d'Etat dans le délai de deux ans après l'échéance du moratorium.

*b*) L'autre partie se rapporte aux prochains emprunts par traites. L'agriculteur ne peut pas se lier par traite, sauf auprès des établissements monétaires de l'Etat et auprès des coopératives agricoles. Si la traite a été délivrée pour de l'argent liquide par d'autres personnes ou par d'autres établissements, elle ne vaut alors même pas comme une simple obligation civile. Si l'obligation de l'agriculteur provient d'une traite dont la valeur a été reçue en compte ou en marchandise, une telle traite vaudra alors sous la condition que le créditeur l'ait inscrite dans ses livres contrôlés par le tribunal et cela dans un délai de cinq jours à partir du jour où elle a été tirée. Dans tous les cas, le taux d'escompte ne doit pas être supérieur à 12 ou 14 %, même s'il en a été convenu autrement.

*c*) Selon la troisième partie, l'Etat doit prendre une part active dans l'assemblage des capitaux destinés à créditer les agriculteurs dans l'avenir. Les crédits seraient répartis par les institutions qui s'occupent de la répartition du crédit agricole et les moyens seraient assurés par la vente de certaines entreprises de l'Etat et par l'affectation d'une part des bénéfices nets des institutions monétaires de l'Etat. Dans le cadre de la Banque Hypothécaire d'Etat l'on créerait un « fonds agricole » qui canaliserait tous les capitaux des institutions d'Etat mentionnées plus haut. Les moyens ainsi assemblés seraient répartis, sur une décision du gouvernement d'accord avec l'avis du comité financier du parlement, aux institutions qui s'occupent de crédit agricole.

Dans les stipulations générales, le projet donne une définition très élastique de l'agriculture, de sorte qu'elle exclut de l'ordre des agriculteurs seulement ceux qui ont fait enregistrer par les autorités compétentes une raison sociale commerciale, industrielle ou artisanale. Le certificat de profession est délivré par les autorités communales. L'on a prévu un contrôle spécial de l'Etat avec sanctions pour tous les créditeurs qui s'écarteraient de ces stipulations. L'on pourrait de cette manière suspendre l'activité de telle ou telle institution monétaire par ordre du Ministre du Commerce après avis du Conseil Economique (cette institution prévue pourtant par la Constitution de 1921 n'a pas été fondée jusqu'à ce jour).

Ce projet, s'il avait été agréé, aurait causé le plus de tort aux agriculteurs qui ont besoin du crédit productif, mais qui répondent à leurs obligations de débiteurs en temps voulu. La capacité de crédit des agriculteurs serait ainsi anéantie et les moyens qui seraient pris aux institutions monétaires de l'Etat ne seraient pas suffisants pour répondre aux besoins des agriculteurs. Il est intéressant de remarquer que dans un pays où le communisme est interdit par la loi, les représentants des partis conservateurs soumettent des projets de loi qui vont à l'encontre de l'ordre social établi sur le principe de la propriété privée. De telles mesures ne pourraient être théoriquement défendues que dans le cas où serait réalisée en même temps l'étatisation de toutes les institutions monétaires du pays. La manipulation et l'accréditement de toutes les branches économiques par le pouvoir central de l'Etat seraient alors chose possible et, par suite, on pourrait tenir compte aussi des intérêts des agriculteurs. Autrement, laisser la liberté à l'activité des institutions monétaires et leur défendre en même temps de créditer les agriculteurs, ce qu'elles acceptent d'ailleurs volontiers, signifie travailler directement contre les intérêts mêmes des agriculteurs. Un tel régime rendrait impossible le développement de l'agriculture, ce qui aurait des conséquences nuisibles pour les autres branches de l'économie nationale.

A propos de ce projet, une discussion très âpre s'est ouverte dans la presse, où l'Association des Banques a pris une part très active pour des raisons compréhensibles, surtout parce qu'elle doit défendre les intérêts de ses membres. Cette organisation s'est servie en général des arguments suivants : 1° En se basant sur l'enquête faite par le ministère du Commerce, on affirmait que les dettes des agriculteurs ne posaient pas un problème si difficile à résoudre et exigeant des mesures exceptionnelles. Le montant de cette dette ne répondait nullement à la force économique des agriculteurs. Si l'on compte que le revenu net annuel et moyen des agriculteurs comporte 31 milliards et demi et que le revenu net est de 20 milliards de dinars, alors, estimant la rentabilité moyenne de 4-5 %, l'ensemble de la possession agricole représente de 400 à 500 millions de dinars. Quand sur cette base on doit seulement 2 milliards et demi de dinars, c'est alors une charge insignifiante qui démontre supérieurement combien notre agriculture manque de capitaux nécessaires. 2° L'introduction du moratorium est une mesure dangereuse qui pourrait avoir pour conséquence le dérangement des relations de crédit dans le pays et à l'extérieur. 3° Les stipulations sur la traite sont une atteinte au principe du droit sur les traites, contraire aux tendances qui dans tous les pays s'efforcent d'amener une égalité sur les règles régissant la traite. Des résolutions avaient été votées à cet effet dans des conférences internationales de 1910 et 1912, à La Haye. La Société des Nations et la Chambre de Commerce Internationale se sont aussi intéressées à la question. 4° Avec la création du « Fonds Agricole » on n'arriverait à rien, car tous les capitaux seraient employés à la régularisation des anciennes dettes et les nouveaux besoins agricoles de crédit seraient de nouveau insatisfaits. Par la prise de la capacité de la traite pour les agriculteurs on exclut du marché des crédits 4/5 de la population. Cette disposition aurait de nuisibles conséquences, surtout dans les régions économiquement avancées (la Slovénie, la Voïvodine) où les agriculteurs ont la capacité de traite.

Dans l'intention de faire l'évaluation de l'ensemble des dettes paysannes et de donner ainsi l'argumentation nécessaire à cette discussion, le Ministère du Commerce a réuni les données suivantes sur l'endettement des agriculteurs : L'on a fixé des résultats pour 31 contrées, 332 circonscriptions et 4.390 communes. Là sont compris 10.994.998 habitants, dont 410.476 sont débiteurs. Les dettes des agriculteurs dans leur ensemble s'élèvent à 2.665.660.657 dinars. Les endettements ont été faits auprès des banques, des coopératives et des personnes privées donnant de l'argent à prêts. Les endettements se sont faits par des traites et obligations en grande partie auprès des banques. Le taux d'escompte dans les coopératives est de 8-10 % et il atteint dans les banques et chez les personnes privées 30 et 40 % et quelquefois 80 %. Ainsi on peut affirmer que la plupart des petits débiteurs paient l'intérêt de 30 à 40 %. Une constatation sur les paiements de ces dettes est également intéressante à faire. C'est ainsi qu'auprès d'une grande banque de Voïvodine, qui d'une manière générale consent des crédits aux agriculteurs, le pourcentage des paiements des dettes a été en 1924 25,50 % et en 1926 seulement 22,7 %. Ceci démontre clairement l'affaiblissement de la capacité de paiement chez les agriculteurs endettés. Tenant compte de la crise qui sévit sur l'économie agricole, du faible rendement économique et de la vitesse avec laquelle se développe l'endettement des agriculteurs, l'enquête constate que l'agriculture se trouve vraiment en grand danger.

Les résultats obtenus par cette enquête n'ont pas eu — il s'en faut de beaucoup — le caractère de l'exactitude, et c'est pourquoi ils ont été rectifiés et interprétés dans le sens favorable à l'une ou l'autre thèse selon ses défenseurs. Ainsi l'on affirmait que l'ensemble des dettes paysannes est minime et qu'il était impossible de parler de l'endettement comme d'un fait économique général. D'autre part, on prétendait que l'enquête n'a pas englobé les petites dettes des agriculteurs contractées sous des conditions usurières et qui, par la suite, menacent l'existence d'un grand nombre de petits propriétaires. Toutefois, l'enquête a été utile, car elle a démontré que le taux payé par les paysans était trop élevé et que l'attention principale doit se porter sur l'organisation d'un crédit agricole bon marché. Les problèmes de l'agriculture yougoslave, par la force des choses, ont réussi à intéresser les commerçants, les industriels, les banquiers et les politiciens, qui ont compris que la racine de la crise économique se trouve dans l'abaissement du niveau de la rentabilité de l'agriculture. L'abaissement des prix de vente des produits agricoles sur le marché mondial, les intempéries et le favoritisme industriel au moyen des frais de douane dits de protection ont été les causes principales de la diminution du rendement de l'agriculture. La stabilisation du dinar, accomplie en fort peu de temps, a été une catastrophe pour un certain nombre d'agriculteurs qui se sont endettés au moment de l'inflation pour acheter des terres et pour accomplir les travaux d'amélioration agricole. Tout cela a provoqué la crise de l'agriculture et la faiblesse économique des agriculteurs. C'est dans l'élimination de ces causes qu'il faut chercher la clé du problème, et non dans la régularisation des dettes paysannes. Au lieu de simples palliatifs, des mesures générales s'imposent pour fortifier la position économique et sociale des agriculteurs. En ce qui concerne l'organisation du crédit, il faut rechercher une solution en accord avec le système coopératif existant. Il faut reconnaître à l'agriculteur la capacité de traite et en même temps promulguer une loi contre les usuriers. Il faut également envisager la possibilité de suspendre la loi sur le bien de famille insaisissable (§ 471, al. 4, du Code de Procédure civile). Cette loi représente la mesure la plus primitive dans la protection de la petite propriété et a montré de bons résultats en Serbie d'avant-guerre. Avec le développement de l'agriculture moderne il faut tenir compte des conséquences nuisibles qu'une telle mesure de protection a sur la capacité de crédit des agriculteurs. A part cela, cette loi empêche le regroupement de trop petites propriétés qui ne sont pas suffisantes pour l'existence d'une famille de paysans. Quand toutes ces conditions seront remplies en accord avec les autres mesures de la politique agraire, l'agriculteur pourra contracter des dettes destinées à des buts productifs et répondre à ses obligations de débiteur. C'est seulement en se conformant à ces conditions que l'organisation du crédit agricole pourra jouer son rôle utilement et efficacement.

---

CHAPITRE II

## La Banque Agricole Privilégiée

D'après la Constitution yougoslave du 28 juin 1921, le roi partageait le pouvoir avec le parlement. Cette combinaison n'était pas pratiquement viable. Aussi, le pays dut-il subir les fâcheuses conséquences de crises ministérielles interminables. Les nombreuses questions économiques et sociales n'arrivaient pas à être résolues en raison des luttes des partis impuissants à constituer un gouvernement régulier et stable.

Dans un moment difficile, le roi Alexandre se décida à supprimer pour quelque temps la Constitution et à prendre le pouvoir absolu entre ses mains. Ainsi dut-on renoncer provisoirement au régime parlementaire. Le gouvernement du général Jivkovitch procéda à la dissolution des partis politiques et à l'abolition des principales lois sur les libertés politiques. Dans son manifeste du 6 janvier 1929, le roi a donné les raisons qui doivent justifier la décision prise ; avec un courage incontestable il assuma toute la responsabilité de la nouvelle situation. L'appréciation de cette décision sortirait sans doute des limites de notre sujet, et nous préférons l'abandonner à ceux qui écriront un jour l'histoire politique de notre pays. De même, l'avenir très proche nous apprendra par quels moyens et à quel moment il sera possible de revenir au régime parlementaire et à la démocratie politique.

En ce qui nous concerne, nous limiterons nos efforts au seul domaine économique et apprécierons en toute objectivité la réforme fondamentale apportée par le nouveau gouvernement dans l'organisation du crédit agricole.

L'expérience acquise par l'application de la loi du 12 juin 1925 et la discussion des projets de loi sur les dettes paysannes ont indiqué la voie où il faut s'engager pour organiser le crédit agricole. Après dix ans de tâtonnements, d'essais infructueux et de luttes autour des diverses propositions, la conviction est faite que le crédit agricole ne peut être organisé que sur la base coopérative, et que la coopération existante est assez forte pour assumer une telle fonction, à la condition toutefois d'être aidée et soutenue par une banque centrale du crédit agricole. La loi du 16 avril 1929 a adopté cette solution. Nous pouvons dire de suite que la création de la Banque Agricole Privilégiée représente l'étape la plus marquante dans le développement du crédit agricole en Yougoslavie.

Nous passerons en revue les stipulations les plus intéressantes de la loi du 16 avril 1929, relatives à l'organisation et au fonctionnement de la nouvelle institution bancaire.

## Section I

### ORGANISATION DE LA BANQUE

La Banque Agricole Privilégiée est une société par actions fondée pour aider, par des crédits favorables, l'agriculture et l'économie rurale en général. Le siège de la banque se trouve à Belgrade, mais elle peut, en cas de besoin, par décision du conseil d'administration, créer dans d'autres endroits des succursales ou des agences. Elle est fondée pour une durée indéterminée.

*Le capital initial* de la banque est fixé, d'après la loi, à 300 millions de dinars, divisé en 600.000 actions de 500 dinars chacune. Ce capital peut, par décision de l'Assemblée générale des actionnaires, être augmenté jusqu'à un montant d'un milliard de dinars. En profitant de cette autorisation, l'Assemblée générale, réunie le 15 août 1929, a fixé le capital actions à 700 millions de dinars.

D'après l'article 8 de la loi, le capital initial sera souscrit de la façon suivante :

*a*) L'Etat prendra pour 120 millions d'actions ;

*b*) La Loterie Nationale prend des actions de la première émission pour une somme de 20 millions de dinars ;

*c*) Ont droit de priorité dans la souscription du reste des actions de la première émission, la Banque Nationale, la Banque Hypothécaire d'Etat, la Caisse d'Epargne Postale, les coopératives agricoles et leurs fédérations, les régions, les communes et les établissements financiers. Ces derniers peuvent employer leurs fonds de réserve pour la souscription de ces actions ;

*d*) Dans la mesure où il restera encore des actions après que les établissements financiers et institutions mentionnées auront souscrit, ce reste pourra être souscrit par des particuliers.

En outre, la loi dispose que la Loterie Nationale doit, lors de chaque nouvelle émission, souscrire des actions pour un montant équivalent à la moitié de son bénéfice net de l'année écoulée.

La banque reçoit encore à sa disposition les fonds suivants : fonds nationaux économiques déjà déposés à la Banque Hypothécaire d'Etat, comme les fonds pour l'approvisionnement en semences, les fonds des vétérinaires, fonds pour le développement de la pisciculture, stations de triage, pour la régularisation des rivières et ruisseaux et assèchement des terrains marécageux, fonds des eaux, de la grêle, du bétail, des réserves de céréales, fonds des communes rurales, ainsi que les capitaux et domaines communaux et les fonds des communautés agraires qui devraient être remis à la Banque Hypothécaire de l'Etat en vertu de la loi sur l'organisation du Crédit Foncier du 30 mars 1922. Tous ces fonds sont garantis par l'Etat et la Banque les créditera d'un intérêt de 4 % au plus (art. 70).

*Les principales opérations* de la banque sont prévues par l'article 11 de la loi et par le règlement spécial concernant l'activité financière de la banque. Ce règlement est prescrit par le conseil d'administration et approuvé par le Ministre de l'Agriculture le 25 septembre 1929.

1° La banque accordera des crédits, mais exclusivement aux agriculteurs, aux organisations coopératives de crédit agricole, aux coopératives, aux fondations de secours mutuel, aux communautés agraires et institutions analogues.

Les crédits pourront être à court et à long terme. Les crédits à court terme seront accordés :

*a*) Sur la base d'obligations des organisations agricoles ;

*b*) Par l'escompte et le réescompte des lettres de change à échéance de moins d'un an.

Les lettres de change doivent porter deux signatures, dont une doit être celle d'une organisation coopérative agricole. La signature d'une telle organisation ne sera pas nécessaire si, en plus de la lettre de change portant deux signatures, on donne encore en gage des biens immobiliers, ou des produits agricoles, ou des papiers de valeur, ou si l'on donne une lettre de change portant trois signatures. Cette stipulation a pour but de faciliter l'obtention de crédit aux agriculteurs qui habitent les endroits où il n'y a pas d'organisation coopérative.

A côté des opérations mentionnées, la banque pourra se charger de la conversion des lettres de change des agriculteurs se trouvant dans les banques privées ou entre les mains des particuliers ;

*c*) Sur gage en produits agricoles ;

*d*) Sur comptes courants aux organisations coopératives agricoles, sur la base d'obligations ou de lettres de change.

Les crédits à long terme ne pourront être accordés aux agriculteurs que sur la base de gages et de biens immobiliers (hypothèques), et seulement en vue d'achats de terre, conversion de dettes garanties par des biens immobiliers, puis pour la construction de bâtiments agricoles ou l'exécution d'améliorations des terres, mais tout ceci pour une somme ne dépassant pas 50 % de l'estimation de la valeur.

2° La banque accordera des crédits aux coopératives, à leurs fédérations, aux communautés agraires et autres associations agricoles de production et de consommation, soit par le réescompte de leurs lettres de change, soit par l'ouverture de comptes courants, surtout dans le but d'aider au développement du trafic coopératif et de l'industrie agricole, et de faciliter la vente des produits agricoles et leur exportation.

3° La banque aidera financièrement les institutions mentionnées en vue de la construction d'entrepôts, où seront déposés les produits agricoles, ainsi que dans l'organisation de la vente en commun des produits agricoles déposés dans de tels entrepôts.

4° La banque acceptera des dépôts d'épargne sur livrets.

5° Elle émettra des obligations, aux conditions prescrites par la présente loi, et en vue de se procurer les moyens financiers nécessaires pour les prêts hypothécaires.

Il est très important de retenir que la banque est autorisée, en vue d'obtenir les moyens nécessaires à son activité, à se servir de crédits auprès de la Banque Nationale, la Banque Hypothécaire d'Etat, la Caisse d'Epargne Postale et les établissements financiers privés dans le pays et à l'étranger.

*Les organes directeurs* de la banque sont au nombre de trois : Conseil d'administration, Conseil de surveillance et Assemblée générale.

*Le Conseil d'administration* représente la banque selon les prescriptions du Code de Commerce, et c'est à lui qu'incombe la direction de leurs opérations. Il se compose de quinze membres. Le président est nommé par décret royal ; sept membres sont nommés par le gouvernement et les sept autres sont élus par les actionnaires. Pour faciliter la conduite directe des opérations de la banque, le conseil d'administration doit élire dans son sein *un comité exécutif* de trois membres au plus, dont au moins deux doivent être des membres nommés.

Les attributions du conseil d'administration sont particulièrement les suivantes : fixer les crédits ; fixer définitivement et présenter à l'Assemblée générale des actionnaires la balance des comptes créditeur et débiteur, et la proposition sur la distribution des bénéfices ; fixer le taux d'intérêt sur l'escompte des lettres de change et celui sur les différents prêts en s'en tenant à ce sujet aux prescriptions spéciales qu'il élaborera lui-même pour les diverses branches de l'activité de la banque, et prescrire les conditions dans lesquelles seront effectuées les autres opérations (art. 20).

*Le Comité de surveillance* se compose de sept membres : cinq sont élus par l'Assemblée générale des actionnaires et deux sont nommés respectivement par le Ministre de l'Agriculture et le Ministre des Finances. Ce Comité a pour devoir de surveiller le travail du conseil d'administration et de présenter à l'Assemblée générale un rapport sur son activité.

Le droit de contrôle de l'Etat sur la banque est exercé par l'intermédiaire d'un *commissaire* spécial nommé par décret royal sur la proposition du Ministre de l'Agriculture. Les pouvoirs du commissaire sont très larges : il a le droit d'assister aux séances du conseil d'administration et aux assemblées des actionnaires ; de surveiller l'application de la loi et celle des statuts, et de demander la vérification des comptes et des livres de la banque par des experts. Il n'est pas sans intérêt de constater que le commissaire a le droit d'inspecter, au moyen d'experts, les travaux de toutes les institutions coopératives qui bénéficieront des crédits de la banque. Au cas où il aurait été prouvé que quelque décision, soit des organes de direction, soit de l'Assemblée générale des actionnaires, serait contraire à la loi, ou aux statuts, ou même aux intérêts de la banque, le commissaire a le droit de suspendre son exécution. Dans un délai de quinze jours, il présentera un rapport au Ministre de l'Agriculture, qui doit trancher la question dans un autre délai de quinze jours. Si le jugement du ministre n'intervient pas dans le délai prescrit, il sera considéré que la décision est exécutoire.

*L'Assemblée générale ordinaire* doit se réunir, sur la convocation du président de la banque, chaque année, au plus tard à la fin du mois d'avril. Il est exigé, pour que l'Assemblée puisse avoir lieu, que soit présent un nombre d'actionnaires représentant au moins un tiers des actions, et parmi eux des actionnaires représentant au moins un tiers des actions se trouvant entre les mains de l'Etat ou de la Loterie Nationale. Chaque dizaine d'actions donne droit à une voix. Pour les décisions, la majorité simple des voix est exigée. La décision sur la liquidation de la banque peut être prise seulement par une Assemblée où sont représentés au moins les 3/4 des actions de la banque.

L'Assemblée générale a le droit de décider sur les comptes annuels présentés par le conseil d'administration ; sur l'augmentation ou la réduction du capital actions ; sur le changement des statuts et sur toutes les propositions qui sont mises à l'ordre du jour (art. 31). Pour certaines décisions, la loi exige l'approbation du président du Conseil des ministres.

*Le profit net* représente les recettes de la banque, déduction faite de toutes les dépenses pendant l'exercice. Du profit net de l'exercice sera d'abord déduit le montant nécessaire pour le paiement d'un dividende de 6 % sur les actions se trouvant entre des mains autres que celles de l'Etat ou de la Loterie Nationale. On déduira du reste du bénéfice net au moins 10 % et au plus 20 % pour la dotation du fonds de réserve général.

Le reste sera employé, d'après les décisions, pour la dotation du fonds de garantie des obligations particulières de la banque, pour les tantièmes des membres de la direction et des fonctionnaires, ainsi que pour le dividende des actions se trouvant entre les mains de l'Etat ou de la Loterie Nationale jusqu'à un montant de 6 %.

*Le fonds de réserve* général a pour but de couvrir les pertes possibles sur le capital de la banque. Les dotations seront suspendues lorsque ce fonds aura atteint la moitié du capital versé.

La banque est dotée de tous les droits et de tous les privilèges dont jouit la Banque Hypothécaire d'Etat, d'après les prescriptions des articles 47 et 62 de la loi sur l'organisation du Crédit Foncier. Les actions et les obligations de la banque sont considérées comme des papiers de valeur d'Etat et sont exonérées, ainsi que les coupons, du paiement de tous impôts et taxes. La Banque Nationale et les institutions financières publiques les recevront en lombard et elles seront acceptées à toutes les caisses publiques pour cautionnement, d'après leur entière valeur nominale. De même, la banque jouit de grands privilèges au point de vue de la procédure d'exécution envers ses débiteurs. Elle est exonérée du paiement de tous les impôts d'Etat et des communes, des taxes et surimpôts, aussi bien sur ses revenus que sur ses biens. L'Etat garantit aux actionnaires un dividende de 6 %. Les obligations que la Banque émettra et les dépôts d'épargne confiés à la banque sont de même garantis par l'Etat.

Parmi les opérations dont la banque est autorisée à s'occuper, la plus importante au point de vue financier est certainement *l'émission des obligations* sur la base des prêts donnés sur les biens immobiliers. Ainsi, la banque a cette facilité de se procurer les moyens financiers nécessaires pour les prêts hypothécaires. Par ces obligations la banque s'engage à payer régulièrement un intérêt et à rembourser celle-ci dans la valeur désignée, tout cela aux conditions marqués sur les obligations elles-mêmes. Les obligations sont au porteur, et leur émission ne peut pas dépasser le montant des prêts consentis et garantis par hypothèque. La banque amortit ses obligations au moyen de tirages.

*Liquidation de la Direction du crédit agricole.* — L'article 67 de la présente loi dispose qu'un certain nombre d'articles de la loi sur le crédit agricole du 12 juin 1925, qui se rapportent aux coopératives locales et régionales, continuent à être en vigueur. Les autres stipulations cessent d'être valables et la banque prendra, aussitôt que sera constitué son conseil d'administration, les travaux de la Direction du crédit agricole, qui en même temps sera dissoute. Les coopératives régionales deviendront, pour les crédits qu'elles ont reçus de la Direction, les débiteurs de la Banque agricole. Pour les parts souscrites, les caisses locales et régionales recevront des actions de la Banque Agricole Privilégiée.

La réforme importante apportée par la présente loi, qui figure à l'article 73, stipule que, dès le moment où cette loi entrera en vigueur, tous les agriculteurs pourront s'endetter au moyen de lettres de change, par dérogation aux prescriptions en vigueur à ce sujet dans le Code de Commerce de l'ancienne Serbie et du Monténégro. Cette réforme a donné satisfaction aux coopératives qui, depuis des années, réclamaient pour les agriculteurs la pleine liberté de contracter des emprunts.

Le droit de modifier les dispositions des statuts de la Banque Agricole appartient à l'Assemblée générale des actionnaires. L'exception est faite en ce qui concerne les dispositions : de l'article 1 sur le but de la société ; de l'article 2 sur les opérations de la banque ; de l'article 12, al. 2, sur la nécessité de l'approbation des règlements ; de l'article 15, al. 1 et 2, sur le nombre des membres du conseil d'administration, et les articles 44-47 sur la surveillance de l'Etat. Toutes ces dispositions ne pourront être modifiées que par une loi. Cette question de modification des statuts est très importante pour la détermination de la nature juridique de la Banque Agricole.

D'après l'opinion de M. Baïkitch, la Banque Agricole est, comme la Banque Nationale, une institution privée et non une institution d'ordre public. L'Etat s'est, en effet, réservé le droit de modifier par une loi certaines des dispositions des statuts ; mais cela ne signifie pas que l'Etat modifiera ces dispositions selon son unique volonté. Puisque la société bénéficie d'un grand nombre de privilèges et de faveurs, il est compréhensible que l'Etat se soit réservé certains droits afin d'empêcher l'assemblée des actionnaires de modifier les dispositions fondamentales qui font que la Banque, dans ses rapports avec les autres institutions de caractère privé, jouit d'une situation privilégiée. En se basant sur une loi entrée en vigueur, l'Etat a invité les particuliers à souscrire des actions et, de ce fait, l'Etat se trouve contractuellement uni à chaque actionnaire en particulier. Comme l'assemblée des actionnaires représente l'ensemble des actionnaires, il en résulte que l'Etat ne pourrait apporter aucune modification ni à la loi ni aux statuts sans s'être entendu préalablement avec l'assemblée des actionnaires. « La Banque Agraire est donc une société par actions, un sujet de droit privé, dans un rapport contractuel avec l'Etat, de telle sorte qu'aucune des parties contractantes ne peut modifier unilatéralement les dispositions législatives (pour l'assemblée des actionnaires, c'est tout à fait compréhensible), ou statutaires (1) ».

Cependant, si nous avons à l'esprit le but de la Banque, de même que la politique qu'elle suivra pour favoriser l'agriculture, et l'influence que l'Etat s'est réservée dans la direction de la banque, nous pouvons conclure que la Banque représente un type mixte d'institution bancaire, un type *sui generis*, avec certaines des particularités des institutions privées et certaines autres des institutions d'ordre public.

(1) Baïkitch : *La loi sur la Banque agricole privilégiée*, p. 9.

Ce qui différencie la Banque Agraire de la Banque Hypothécaire, qui est considérée comme une caisse publique et qui, de ce fait, n'est pas touchée par la disposition du § 471, al. 4 du Code de procédure civile sur le bien de famille insaisissable, c'est que la Banque Agraire n'a pas le droit, en cas de non-paiement de la dette, de procéder à la vente du bien de l'agriculteur, que la loi lui a reconnu comme un minimum indispensable pour sa subsistance. Ceci apparaît dans l'article 47 du règlement, qui détermine quelles conditions doivent être remplies au moment de la demande d'un crédit à long terme. L'une de ces conditions exige que, relativement au § 471, le demandeur joigne à sa demande un certificat du tribunal municipal où il sera reconnu que le demandeur possède, à côté du bien qu'il donne en hypothèque, un domaine que la loi déclare inaliénable pour dette. Il faut rappeler que le Conseil d'administration de la Banque Agricole a décidé, dès les premiers jours de son activité, qu'une demande soit adressée au gouvernement en vue d'une modification de la loi : le § 471 ne s'appliquerait plus aux débiteurs de la Banque Agricole et des coopératives agricoles. Le conseil d'administration a très judicieusement pensé que la disposition précitée diminue le crédit de l'agriculteur ; son abrogation n'apportera aucun inconvénient si l'on a à l'esprit que la Banque n'abusera pas du privilège qu'elle réclame.

L'intention existe de permettre à la Banque Hypothécaire qu'elle continue à donner du crédit aux agriculteurs, en leur allouant des prêts hypothécaires, particulièrement à ceux qui ne sont pas membres des coopératives. Si cette intention devait se réaliser, il serait utile de s'entendre et de partager la besogne, de telle sorte que la Banque Agricole pût se consacrer uniquement au crédit des coopératives et de leurs fédérations.

## Section II

### L'ACTIVITÉ FUTURE DE LA BANQUE

La souscription des actions de la Banque Agricole Privilégiée a été ouverte le 22 mai 1929, et close le 15 juillet, date à laquelle la souscription totale a atteint le chiffres de 700 millions de dinars. Les travaux préparatoires et la mise en vigueur de la loi du 16 avril 1929 ont été réalisés par le commissaire du gouvernement M. Djouritchitch, président du conseil d'administration du Crédit Foncier. Le poste de président du conseil d'administration de la banque est confié à M. Bogdan Markovitch, ancien ministre des finances, dont les capacités d'organisateur et d'animateur ont déjà fait leurs preuves dans le passé.

La part souscrite par l'Etat et par des souscripteurs qui le touchent de près s'élève à peu près à 250 millions de dinars. Le reste du capital a été souscrit par les banques, les industriels, les associations agricoles et les particuliers. En ce moment l'organisation de la banque est entièrement effectuée, et de son activité future dépend la réalisation des promesses faites aux agriculteurs yougoslaves.

Lors de la première séance du Conseil d'administration son président, M. Markovitch, a exposé dans ses grandes lignes la politique future de crédit de la Banque agricole. Cette politique s'orientera vers l'organisation du crédit agricole productif, et sur la base des principes qui président aux opérations de crédit des autres institutions bancaires. On fit particulièrement ressortir que le problème du crédit agricole fait partie de la politique agraire de l'Etat, qui a pour but dernier l'amélioration de l'agriculture et le relèvement du niveau matériel des agriculteurs. En collaboration avec les autres grandes institutions bancaires, la Banque agricole travaillera à l'organisation d'un marché monétaire national selon les besoins de la vie économique du pays. Disposant de grands moyens financiers, la banque permettra à la production agricole nationale de soutenir la concurrence sur les marchés internationaux et d'assurer le développement matériel et moral des agriculteurs. Cette action doit assainir les conditions économiques et sociales des larges masses paysannes. Mais ce doit être le but dernier de la Banque agricole ; le crédit qu'elle organise aujourd'hui doit servir seulement de moyen pour parvenir à ce but.

Il ressort du programme exposé que la Banque agricole diffère en substance des autres institutions monétaires d'ordre privé. Bien qu'organisée sur le modèle des sociétés par actions, elle n'a pas pour but d'acquérir le plus grand profit, mais bien d'aider à l'organisation et à l'intensification de la production agricole. Il a été décidé en même temps que la banque prêtera une grande attention à la sûreté de ses opérations de crédit, et s'occupera en premier lieu de l'organisation de la banque. La réalisation d'une telle politique de crédit rencontre de très nombreuses difficultés. Il est très difficile d'imaginer qu'une société par actions, qui donne des dividendes aux actionnaires et des tantièmes à ses fonctionnaires, puisse s'occuper exclusivement de l'intérêt général. Le but ne sera pas atteint si les opérations de la banque s'orientent vers le développement du crédit individuel et la fondation de ses propres succursales dans les différentes parties de l'Etat. Tenant compte de la sûreté de ses opérations et s'occupant du crédit individuel, la banque laisserait sans secours les régions les plus négligées au point de vue économique de notre pays et qui jusqu'à présent n'ont pu compter que sur le crédit des usuriers. Ces raisons nous incitent à penser que le programme ci-dessus exposé ne peut être atteint que par une collaboration des institutions coopératives, qui doivent jouer le rôle d'intermédiaires entre la Banque agricole et les agriculteurs.

Toute autre politique de crédit signifierait le renouvellement des expériences manquées dans le passé. Le mieux serait pour les dirigeants de la Banque d'adopter, dans cette question, l'opinion des représentants des organisations coopératives. Cette opinion se trouve exposée dans le mémorandum par lequel la Fédération Générale des Coopératives a salué la fondation de la Banque agricole, en même temps qu'elle a fait certaines remarques qu'on peut ainsi résumer :

1° D'après l'article 2 de la loi de 1929, la banque distribuera le crédit individuellement aux particuliers et collectivement aux organisations coopératives. De ce fait est créée la possibilité d'abus éventuels qui se manifesteraient dans le crédit individuel. Il peut arriver par exemple que la plus grande partie des capitaux disponibles soient distribués aux particuliers, en dehors des organisations coopératives, et que les petits propriétaires, qui viennent difficilement en contact avec la banque, restent sans crédit. Le crédit est la chose la plus nécessaire à ce grand nombre de petits propriétaires ; mais ils ne peuvent le recevoir que par l'intermédiaire de la coopérative, qui est en état, dans l'insuffisance de la garantie matérielle, d'estimer leur valeur personnelle et de contrôler l'emploi du capital prêté.

2° L'octroi du crédit aux particuliers, avec une garantie des organisations coopératives, n'est pas résolu favorablement. Presque toutes les coopératives de crédit sont fondées sur la base de la responsabilité illimitée, et aucune ne donnera de garantie pour l'obtention du crédit, si en même temps il ne lui est pas possible de contrôler l'emploi du capital, ni de le retirer si on en a abusé. L'octroi du crédit aux particuliers fera naître généralement une série d'intermédiaires, qui feront renchérir le crédit, soit par le paiement d'une caution, soit par la mise en rapport de l'agriculteur avec la Banque agricole à Belgrade. Pour toutes ces raisons, la Fédération

Générale propose qu'une disposition soit introduite dans le règlement pour l'octroi du crédit, disposition selon laquelle tous les crédits, sauf les crédits hypothécaires, seront distribués uniquement par l'intermédiaire des organisations coopératives existantes, et seulement au cas où le crédit ne sera pas utilisé de la part des coopératives il sera permis de le distribuer directement aux particuliers.

3° Par la suppression de la Direction pour le crédit agricole, on a arrêté le développement de la coopération privilégiée, mais on a laissé intactes les coopératives locales et régionales existantes. Il est nécessaire que ces coopératives, de même que les autres unités coopératives, soient soumises à la même législation.sur la coopération. Ainsi disparaîtront les privilèges de certaines coopératives, au profit de la coopération en général ; il sera aussi possible d'apprécier la valeur et l'activité de toute unité coopérative.

Nous sommes d'avis que les désirs des coopératives ci-dessus exposés sont tout à fait justifiés, et qu'ils peuvent se réaliser sans que l'on touche aux principes essentiels, tels qu'ils ont été établis par la loi du 16 avril 1929. Le meilleur instrument pour la distribution du crédit agricole est sans doute l'organisation coopérative, comme pour la réunion de grands capitaux la banque centrale de crédit est la plus favorable. Dans l'intérêt des agriculteurs la coopération et la banque agricole doivent se compléter mutuellement dans leur travail. La Banque agricole est fondée en vue d'une société par actions ; mais elle peut devenir une institution coopérative centrale, si elle développe son activité par l'intermédiaire des organisations coopératives. C'est pour cela que, dans ce moment décisif où l'on crée l'institution centrale pour la distribution du crédit à l'agriculture, il faut avant tout tenir compte des désirs et des intérêts des coopérateurs. Avec le vote d'une loi sur les coopératives unique pour tout le pays, il faut donner aux organisations coopératives plus d'influence dans la direction de la Banque agricole. La présence des représentants du mouvement coopératif dans le conseil d'administration sera la meilleure garantie que la politique de crédit de la nouvelle institution se poursuivra dans la direction du développement du crédit coopératif. L'octroi des crédits par l'entremise des coopératives représente aujourd'hui l'unique juste moyen d'allouer du crédit aux agriculteurs. C'est dans ces seules conditions que la Banque agricole remplira sa mission et, comme banque centrale coopérative, donnera un sûr appui au développement de la coopération agricole en Yougoslavie.

# CONCLUSION

Pays essentiellement agricole, la Yougoslavie est obligée de prêter la plus grande attention à sa politique agraire. Celle-ci doit s'inspirer des intérêts économiques de la population, c'est-à-dire être dirigée dans le sens du renforcement de la petite propriété paysanne. Dans son état actuel, l'agriculture yougoslave a deux défauts essentiels : le rendement insuffisant de la terre et le manque de capitaux. Pour que l'agriculteur puisse augmenter les revenus de son travail, il serait indispensable que, par l'apport de capitaux, il pût s'adonner à une exploitation plus intensive de sa terre, et qu'ensuite les produits agricoles fussent placés sur le marché dans des conditions favorables. Pour remédier à ces inconvénients, l'Etat doit tenir compte de toutes les requêtes que les agriculteurs lui adressent. L'amélioration des conditions de vie des agriculteurs et l'accroissement de leur production doivent être la principale occupation du gouvernement.

L'organisation du crédit agricole est seulement une mesure, d'ailleurs importante, dans un ensemble d'autres réformes également nécessaires. Malheureusement, la vie de l'Etat, en ces dix dernières années, est marquée par une série de graves erreurs, sinon par une absence totale de politique agricole. Après la période de l'inflation, toutes les conditions économiques ont changé au détriment de l'agriculture. La baisse des prix des produits agricoles n'a nullement eu pour contrepartie une baisse correspondante des prix des produits nécessaires aux agriculteurs. La politique douanière, instaurée pour la défense de l'industrie, a eu pour conséquence naturelle le refoulement au deuxième plan des intérêts de l'agriculture. La taxe d'exportation sur les produits agricoles est retombée sur les agriculteurs qui produisaient pour l'exportation, en même temps qu'elle avait abaissé les prix des produits agricoles sur le marché intérieur. D'autres défauts de cette politique n'ont pu également que contrecarrer le développement de l'agriculture : instruction insuffisante des agriculteurs en matière agricole, sans parler du grand pourcentage des illettrés ; les lourdes charges fiscales et municipales ; l'absence d'organisation dans l'exportation et le grand nombre d'intermédiaires pour la vente des produits agricoles.

Dans ces conditions, le rôle de l'Etat ne pourra que se préciser si l'on se persuade que le problème agricole intéresse la population tout entière. Un programme d'assainissement de notre agriculture doit comporter, tout d'abord, la liquidation de la réforme agraire et l'organisation du crédit agricole. Il faut permettre au moins aux agriculteurs qui ont bénéficié de la réforme agraire de pratiquer une exploitation rationnelle sur les terres obtenues. Pour stabiliser et rendre prospère la petite propriété paysanne, il est nécessaire que l'Etat prête son concours au développement du syndicat et de la coopération agricole. Dans tous les Etats où domine la petite propriété rurale, les faits prouvent que les progrès faits dans l'agriculture sont dus exclusivement à la coopération. C'est la justification de notre thèse : savoir que la coopérative s'impose à nous comme l'unique forme d'organisation économique capable de relever le niveau matériel et culturel de notre peuple.

Si l'intervention de l'Etat dans la diffusion de la coopération est indispensable, il ne faut cependant pas que cette intervention soit asservie aux buts politiques de divers partis. Dans les pays où l'organisation coopérative est déjà développée, le rôle de l'Etat doit se borner à soutenir et à subventionner les coopératives existantes.

L'exemple de la France et de l'Allemagne nous enseigne que, dans ces pays, la structure coopérative du crédit agricole s'est constituée en partant de sa véritable base, et que c'est seulement après un certain temps, et en passant par les coopératives locales et régionales, que doivent être organisées les institutions coopératives centrales. La seule différence provient du fait que, en France, l'Etat est intervenu dès le commencement, tandis que, en Allemagne, où l'initiative privée a été plus forte et, en général, les conditions plus favorables pour le développement de la coopération agricole, cette intervention est venue plus tard. En tenant compte des circonstances qui font qu'un Etat diffère d'un autre, l'argument tiré de cette constatation n'est pas concluant. Ce qui est important, c'est le but que l'intervention de l'Etat veut atteindre ; or, nous avons vu que, dans ces deux pays, le but poursuivi était le renforcement de la coopération, comme organisation économique des petits propriétaires.

Il en a été autrement en Yougoslavie. Avec la loi du 12 juin 1925, le législateur a d'abord organisé l'institution coopérative centrale ; puis, négligeant les coopératives existantes, il a entrepris l'organisation de nouvelles coopératives sous l'égide de l'Etat. Il était clair, pour tous ceux qui étaient au courant des problèmes agraires, que rien d'utile ne pouvait être réalisé par cette voie. La nouvelle organisation a été jugée à sa juste valeur par M. Baïkitch, lorsqu'il a écrit avec toute sa fougue habituelle : « Si notre mouvement coopératif ne parvient pas à provoquer la liquidation de la Direction pour le crédit agricole, avec son organisation soi-disant coopérative, celle-ci mettra fin certainement au mouvement coopératif indépendant ». Cette prévision n'a pas tardé à se montrer exacte : la loi du 16 avril 1929, qui a organisé la Banque agricole privilégiée, a supprimé l'institution fondée en 1925.

Cette solution a donné satisfaction aux vœux exprimés dans plusieurs résolutions des organisations coopératives.

La création de la Banque agricole doit être considérée comme un heureux commencement pour résoudre le problème du crédit agricole. Elle pourra aider, avant tout, au placement des capitaux, par l'entremise de l'appareil coopératif, ce qui donne suffisamment de garanties que le capital prêté sera utilisé avantageusement. Etablissement bancaire indépendant, la Banque sera, en outre, en état de réunir de grands capitaux et de les mettre à la disposition des agriculteurs dans de bonnes conditions. Il est vrai que le taux d'intérêt ne sera pas aussi bas que celui qui était prescrit pour les prêts de la Direction du crédit agricole ; il sera quand même le plus bas possible sur le marché monétaire. Il faut mentionner, du reste, que les banques centrales pour la distribution du crédit à l'agriculture n'ont pas seulement pour rôle d'accorder des emprunts à un taux d'intérêt bas, mais encore d'accommoder tout l'organisme du crédit aux besoins des agriculteurs. L'agriculture ne réclame pas l'intervention de l'Etat pour se procurer des cadeaux matériels, mais pour assurer le développement de la production agricole dans les conditions plus favorables. Cette même intervention a été utilisée très souvent en faveur du commerce et de l'industrie, presque toujours au détriment de l'agriculture. En partant de ce point de vue que l'aide de l'Etat est nécessaire à l'agriculture, il ne faut cependant pas conclure que c'est une branche de l'activité économique du pays qui ne rapporte pas et qui ne peut se maintenir que grâce aux subventions de l'Etat. Là surtout se manifeste, à notre avis, la plus grande utilité de la Banque agricole, qui procurera des capitaux à l'agriculture au plus bas taux d'intérêt. Une telle politique, en rapport avec un système coopératif développé, aurait pour conséquence de placer l'agriculture sur une base solide, et de l'armer pour la concurrence sur les marchés extérieurs.

En parlant de ces possibilités, nous sommes loin de soutenir que la création de la Banque agricole représente la solution idéale du problème dont il est question. Pour ce qui est des résultats éventuels, tout dépend non seulement de l'organisation, mais surtout de l'activité future de la nouvelle institution de crédit. Il faut tenir compte de toutes les difficultés que présente la conciliation du but de l'intérêt général, que la Banque devrait poursuivre, avec les principes qui gouvernent l'activité et les opérations des établissements bancaires. En tout cas, nous considérons qu'on empêchera le retour des anciennes erreurs si, dès le commencement, la politique de crédit de la Banque agricole s'oriente nettement vers la distribution du crédit aux agriculteurs exclusivement par l'intermédiaire des coopératives agricoles et de leurs associations fédératives.

Nous pouvons conclure, en somme, qu'il serait prématuré de dire que, par la fondation de la Banque agricole, le problème du crédit agricole a été définitivement résolu. Mais on peut affirmer que le point de départ a été bon, et que les dirigeants de la Banque doivent déployer une activité systématique et méthodique, pour contribuer au développement du mouvement coopératif, et, par là, à l'organisation et à l'amélioration de notre production agricole.

# BIBLIOGRAPHIE


AVRAMOVIC (M.) : *Trente ans de travail coopératif*, Belgrade, 1924.

AVRAMOVIC (M.) : *Le coopérateur*, Belgrade, 1924.

AUGÉ-LARIBÉ : *Le paysan français après la guerre*, Paris, 1923.

AUGÉ-LARIBÉ : *L'agriculture pendant la guerre* (Publication de la Dotation Carnegie).

AUGÉ-LARIBÉ : *Syndicats et Coopératives agricoles*, Paris, 1926.

AUVRAY (J.) : *La loi du 5 août 1920 sur le crédit agricole*, Paris, 1927.

BAJKIC (V.) : *Le crédit paysan*, Belgrade, 1928.

BAJKIC (V.) : *La loi sur la Banque agricole privilégiée*, Belgrade, 1929.

BILIMOVIC (A.) : *Yougoslavien*, Breslau, 1927.

BORET (V.) : *Pour et par la terre*, Paris, 1921.

COLSON (C.) : *Cours d'économie politique*, tome IV, Paris, 1920.

DJORDJEVITCH (M.) : *Le crédit agricole en Yougoslavie*, Alger, 1926.

DJURICIC, TOSIC, etc. : *Notre économie nationale et revenu national*, Sarajevo, 1927.

DURAND (L.) : *Le crédit agricole en France et à l'étranger*, Paris, 1891.

GIDE (Ch.) : *Cours d'économie politique*, Paris, 1925.

HITIER (H. et J.) : *Les problèmes actuels de l'agriculture*, Paris, 1923.

IVSIC (M.) : *Les problèmes agraires en Yougoslavie*, Paris, 1925.

JOVANOVIC (S.-L.). : *Svetozar Markovic*, Belgrade, 1920.

JOVANOVIC (S.-L.). : *Défenseurs de la Constitution* (Etude historique), Belgrade, 1922.

KANTSKY (K.) : *La question agraire*, Paris, 1900.

KOSIC (M.) : *Economie politique* (I. — La politique agraire), Belgrade, 1925.

KUKLA (S.) : *Le développement des institutions de crédit en Serbie*, Zagreb, 1924.

LAUR (E.) : *Politique agraire*, Genève, 1919.

LUKAS (F.) : *La géographie économique*, Zagreb, 1924.

MARKOVIC (B.) : *Commentaire de la loi sur les sociétés coopératives des agriculteurs et des artisans*, Belgrade, 1911.

MARKOVIC (B.) : *Les caractères économiques et juridiques des sociétés coopératives en Serbie*, Belgrade, 1911.

Markovic (B.) : *Les finances d'Etat et la question monétaire*, Belgrade, 1925.
Méline (J.) : *Le retour à la terre*, Paris, 1920.
Méline (J.) : *Le salut par la terre*, Paris, 1920.
Nedeljkovic (M.) : *Etat économique et financier du Royaume S. H. S.*, Paris, 1924.
Oualid (W.) : *La petite propriété rurale chez les peuples modernes : les idées, les faits, les lois*, Paris, 1908.
Oualid (W.) : *Cours d'Economie politique*, professé pendant l'année 1924-25 à l'Université de Paris.
Perreau (C.) : *Cours d'Economie politique*, Paris, 1928.
Prohaska (Lj.) : *Le crédit agricole hypothécaire*, Belgrade, 1922.
Philippovich (E.) : *La politique agraire*, Paris, 1904.
See Henry : *Esquisse d'une histoire du régime agraire en Europe aux XVIII<sup>e</sup> et XIX<sup>e</sup> siècles*, Paris, 1921.
Souchon (A.) : *La propriété paysanne*, Paris, 1899.
Souchon (A.) : *Les cartels de l'agriculture en Allemagne*, Paris.
Soustelle (G.) : *Le problème du crédit agricole en France*, thèse, Paris, 1900.
Stamenovitch (C.) : *L'émigration yougoslave*, Paris, 1929
Stojkovic (V.) : *Le crédit agricole en France et l'organisation du crédit agricole dans notre pays*, Belgrade, 1925.
Stojkovic (V.) : *Devant l'application de la loi sur le crédit agricole*, Belgrade, 1926.
Truchy (H.) : *Cours d'économie politique*, Paris, 1927.
Totomiants : *Histoire des doctrines économiques*, Paris, 1927.
Varga (J.) : *Quelques renseignements sur la coopération agricole en Slovénie*, Belgrade, 1927.
Zolla (D.) : *Revue agricole du « Journal des Débats »*.

## REVUES, JOURNAUX, DOCUMENTS

*Revue d'Economie Politique*, Paris.
*Revue Internationale des institutions économiques et sociales*, Rome.
*Annuaire International de statistique*, Rome.
*Revue des Balkans*, Paris.
*Conférence Economique Internationale* (rapport définitif), Genève, mai 1927.
*Jugoslovenska Njiva*, Zagreb.
*Ekonomist*, Belgrade.
*Nova Europa*, Zagreb.
*Archiv za pravne i drustvene nauke*, Belgrade.
*Bankarstvo*, Zagreb.
*Revue économique et financière*, Belgrade.

*Jugoslovenski Lojd*, Zagreb.
*Narodno Blagostanje*, Belgrade.
*Rijec*, Zagreb.
*Zadruzni Glasnik*, Belgrade.
*Privredni Pregled*, Belgrade.
*Trgovinski Glasnik*, Belgrade.
*Politika*, Belgrade.
*La Yougoslavie*, Belgrade.

*Journal Officiel*. — Rapports sur les opérations faites par les caisses régionales de crédit agricole et sur l'application de la loi du 5 août 1920, présentés au Président de la République par le Ministre de l'Agriculture.

Circulaires et textes législatifs publiés par l'Office national du crédit agricole.

*La loi sur le crédit agricole du 12 juin 1925.*

Comptes rendus des séances parlementaires en 1925. — Annuaire statistique de la Fédération des Unions coopératives (1925-1927). — Superficies productives et rendement des plantes cultivées (publication du Ministère de l'Agriculture). — Comptes rendus de la Direction du crédit agricole. — La loi sur la Banque Agricole privilégiée du 16 avril 1929.

# TABLE DES MATIÈRES

## QUATRIÈME PARTIE



Imprimerie du Montparnasse et de Persan-Beaumont
47 rue de la Gaîté, Paris-14e.

www.ingramcontent.com/pod-product-compliance
Ingram Content Group UK Ltd.
Pitfield, Milton Keynes, MK11 3LW, UK
UKHW020557180726
13838UKWH00001B/308